教育部“本科教学工程”大学生校外实践教育基地建设项目
江苏省教育科学“十二五”规划项目
江苏高校品牌专业建设工程“海洋技术”项目
江苏省高等学校实验室研究会项目
淮海工学院校级教学改革研究项目

沿海综合实践教育基地建设实践与反思评价

董春来　李庭古　焦明连　著

中国矿业大学出版社

内容提要

本书较系统地研究了综合实践教育基地建设的理论基础、可行性评价、建设思路、质量保障、项目实践、教学反思、满意度调查、影响因素、指导模式、质量保障及管理与评价系统设计等方面的内容，对沿海综合实践教育教学基地建设和实践进行了客观分析与反思评价，较全面地探讨了沿海综合实践教育基地优化建设及实践效果反思评价的方案设计与对策措施，以利于提高沿海综合实践教育基地后续建设效果，为类似实践教育基地建设与探索提供参考。

图书在版编目(CIP)数据

沿海综合实践教育基地建设实践与反思评价/董春来，李庭古，焦明连著. —徐州：中国矿业大学出版社，2017.12

ISBN 978-7-5646-3841-2

Ⅰ.①沿… Ⅱ.①董… ②李… ③焦… Ⅲ.①高等学校—教育实践—研究—连云港 Ⅳ.①G652.44

中国版本图书馆CIP数据核字(2017)第316968号

书　　名　沿海综合实践教育基地建设实践与反思评价
著　　者　董春来　李庭古　焦明连
责任编辑　史凤萍
出版发行　中国矿业大学出版社有限责任公司
(江苏省徐州市解放南路　邮编 221008)
营销热线　(0516)83885307　83884995
出版服务　(0516)83885767　83884920
网　　址　http://www.cumtp.com　**E-mail**:cumtpvip@cumtp.com
印　　刷　江苏凤凰数码印务有限公司
开　　本　880×1230　1/32　**印张** 8.25　**字数** 214 千字
版次印次　2017年12月第1版　2017年12月第1次印刷
定　　价　28.00元

前　言

实践教学是高校人才培养过程中贯穿始终、不可缺少的重要组成部分，是提高人才培养质量的重要环节，是培养学生实践能力和创新能力的主要方法和手段，是巩固学科知识、训练科研素养、培养理论联系实际作风的重要途径。实践教学是高校应用型人才培养的关键环节，实践教学环节是高等教育教学中必不可少的重要组成部分，是将理论学习应用于实践活动、把知识转化为能力的重要桥梁。加强实践教学工作，是经济社会发展对人才培养提出的客观要求，是高等教育更深层次改革与发展的内在要求，是实现多样化人才培养目标的迫切需要。随着我国高等教育的快速发展、经济规模的不断扩大和就业市场的迅速变化，学生实践能力的培养已成为当代大学教育的焦点。

“本科教学工程”大学生校外实践教育基地建设工作是高等学校本科教学质量与教学改革工程的重点工作之一，旨在通过建设校外实践基地，促进高校和行业、企事业单位、科研院所、政法机关联合培养人才新机制的建立，推动高校转变教育思想观念，改革人才培养模式，以未来社会和经济发展对人才实践能力需求为依据，打破实践教学附属于理论教学的传统习惯，构建与理论教学体系既密切联系又相互独立、内容循序渐进、层次分明、特点突出、开放式的实践教学体系，创建富有主动性、创新性的实践教学独立运行的新机制，加强实践教学环节，提升高校学生的创新精神、实践能力、社会责任感和就业能力。在高等院校人才培养中，必须要突出校企合作人才培养模式，加强校企合作实践教育基地建设。

沿海综合实践教育基地作为淮海工学院与连云港港口集团在政府支持下共建的校外综合实践教育基地，校企双方坚持“共建、共享、共赢”的原则，构建了与培养大批“上手快、后劲足”应用型高素质人才培养要求相匹配的综合性校外实践教学平台的建设模式、建设途径、管理体制和运行机制、保障条件与措施，保障了实践教育教学稳步高效的开展。为了实现综合实践教育基地长期支撑人才培养与企业发展的共赢与可持续发展，需要对其建设情况和运行成效进行总结和研究。作者作为校企院系实践教学委员会委员、专业指导委员会主任，一直从事沿海综合实践教育基地建设管理和带队实践指导工作，在总结基地申报、建设、实践、管理与评价等全过程基础上撰写了《沿海综合实践教育基地建设实践与反思评价》一书，旨在总结建设校企共赢的校外实践教育基地的经验和措施，探索基地建设实践与评价过程中的技术与要点，以便为类似实践教育基地建设与探索提供参考，推进校企合作，提高建设效率，加强实践教学，提升评价满意度。

全书共11章，包括实践教育基地建设理论基础、建设目标与思路、建设可行性分析、建设质量保障、项目设计与实施、反思基地建设与实践、满意度调查与分析、效果影响因素分析、指导教师工作模式优化分析、实践质量保障体系和管理与实践评价系统设计等。

在本书出版之际，感谢教育部“本科教学工程”大学生校外实践教育基地建设项目、江苏省教育科学“十二五”规划项目(D/2013/01/092)、江苏高校品牌专业建设工程“海洋技术”项目、江苏省高等学校实验室研究会项目(201213)和淮海工学院校级教学改革研究项目(XJ2014-1-8)的支持，感谢连云港港口集团有限公司吴伯宣高级工程师、淮海工学院樊华教授、龚成龙教授、乔赋教授、周立教授、设备与实验室管理处及相关院系等为本书提供资料和建议。本书内容是作者工作和经验的阶段性总结，相关理论和观点有待进一步深入探讨，加上作者水平有限，书中难免有不足之处，恳请同行专家及读者不吝赐教。

著 者

2017年11月

目　录

第1章 绪 论

1.1 实践教育基地的内涵与特征

实践教学，顾名思义要重在实践。但是这种实践不是一般意义上的实践，而是在教学过程中学习者的实践，是作为实践教学的实践。所以实践教学不仅有实践的一面，还有教学的一面。只看到学习者的实践而忽视教学的实践是片面的认识；相反，只认识到教学的实践而忽视学习者的实践也是错误的。作为实践教学的教学和实践应该是紧密结合进行的，在实践之前，要进行实践的理论准备；在实践之中，要对实践作理论指导；在实践之后，要对实践经验作理论总结。在美国等西方发达国家，从幼儿教育开始，学校教育就非常重视实践在教学过程中的重要性，许多理论知识的讲授都是通过实践来实现和完成的，而不是让学生死记硬背来实现的。在中国，相对于理论教学而言，实践教学是教学过程中最薄弱的环节，也是亟待解决的重要问题。

知识来源于实践，能力来源于实践，素质更需要在实践中养成，各种实践教学环节对于培养学生的实践能力和创新能力尤其重要。实践教学是高等教育的重要组成部分，对学生的培养质量起着不可忽视的重要作用。实践教学是巩固理论知识和加深对理论认识理解的有效途径，是培养具有创新意识的高素质工程技术人员的重要环节，是理论联系实际、培养学生掌握科学方法和提高动手能力的重要过程。实践教学是指学生在教师的指导下以实际操作为主，进而获得感性知识和基本技能，以及快速提高综合素质的一系列教学活动的组合。它主要包括实验试验、参观学习、教学实习、生产实践、课程设计、毕业实习与设计（论文）、调查调研以及其他性质的实践活动，等等。

实践教育基地则是承载实践教学任务的重要基础和必备条件，是提高实践教学质量的重要因素。实践教育基地是指按照实践教学的根本目的和要求，在充分研究和把握学生实践特点和规律的基础上，依据一定的模式，按照一定的步骤建立的，使学生能够有目的、有计划、有组织地参与社会政治、经济、文化活动和专业实践，从而提高其专业知识、能力和素养的长期稳定场所。实践教育基地包括校内实践基地和校外实践基地。校内实践基地是指其位置在学校内部的实践基地，有利于实践教学体系的实施；而校外实践基地是指通过学校与各类单位合作建设成立，位置在单位内部，用于在校学生提升实践能力的场所，可以将实践教学活动和生产实践结合起来，帮助学生开阔视野，理解和掌握深层次的知识。目前，实践教学更加关注大学生校外实践教育基地。

校外实践教育基地不仅是人才培养的重要基地，更是促进高校与地方产学研合作的重要纽带。在对其相关理论、实践进行深入研究的基础上，结合教育部对实践基地建设工作提出的具体目标、任务、要求来看，大学生校外实践教育基地是指紧紧依靠专业建设积淀，围绕区域优势资源，由高校与科研院所、行业、企业共筹共建，挂靠在企事业单位的，兼具指导功能、培养功能以及示范辐射功能的大学生教育机构，创立联合培养人才的新机制，以此推动校企在特定的培养目标和人才规格下，组建由高校教师和企业专技人员共同组成的师资队伍，协同构建科学的教学内容和课程体系协同实施培养过程，协同制定管理制度和评估方式，促进建立校企联合培养人才的新机制，创新校外实践教育模式，旨在全面深化实践教学改革，提升大学生的创新精神和实践能力，培养适应行业企业需求的高素质创新人才。实践教育基地是高校教学、科研和社会服务的重要平台，是人才培养、素质教育的重要场所。实践基地的建设、运行和管理质量是衡量学校办学水平的重要标志之一，作为学校办学中的一项基础性工作，在学校改革和发展中具有重要的地位。创新型国家建设的关键是人才，实践基地是创新人才能力要素培养的重要渠道和载体。

综合实践教育基地是指服务于不同学科之间的交叉领域，面向不同专业、不同年级的学生，开设校外大学生实践教学的综合性平台，是以转变教育思想、更新教育观念为先导，以提升学生的社会责任感、专业技术、创新意识和创新创业能力为核心，以改革人才培养模式和课程体系为重点，以提升大学生的综合素质、增强大学生的创新能力和创业能力为宗旨，以培养适应创新型国家建设人才需要为目的而建设的大学生自主学习、实践、创新的平台，旨在构建厚实基础。学校要依托基地，注重兴趣、强调综合、强化实验、自主学习、提高能力、不断创新的综合实践教学新模式。综合实践教育基地是一种融各专业特点、人才培养要求和企业资源于一体的校外学习实践活动的综合载体，是高等院校提高教学质量的重要硬件基础，规范其建设目标、培养定位和功能作用，形成校内外结合、全方位、立体化的校企联合培养格局，构建高校、企业、学生等多方共赢的合作机制，提升学生实践能力和职业素养，实现与社会需求的良性对接，开展规范、系统的系列产学合作教育，承担综合性培养功能，全面提升人才培养水平和质量。

大学生校外综合实践教育基地不仅要承担实践教育改革和创新人才培养的重任，更要注重内涵建设，以高校推广模式和产业链推广模式为抓手，通过示范推广机制创新及平台建设，充分发挥引领、示范、辐射作用，应具有以下特征：① 资源优质性。以人才培养为宗旨，能力提升为导向，以校外实践教育基地为主要载体，充分发挥企业、行业独特的物质、技术、人力资源优势，开展实践教育联动、绩效考核联评，建立联动区域内学术互动、经验交流、共建、共享、共荣的机制和格局，开创依托行业企业建专业、互惠双赢的新局面。② 基础合作性。基地具有前期良好的校企合作经验优势是建设的立足点，奠定基地建设的前提条件，开展人才培养、师资培养、企业文化、企业技改、工艺创新、技术服务与开发、应用推广等内容。③ 教育直观性。基地利用实物展示、示范操作、仿真模拟、现场教学等直观手段，为大学生校外实践提供大量直观的教育教学资源，改善学生学习成长环境，引导其开展形式多样的感知，深化感性认识，提升学习积极性，提高自身运用知识解决实际问题的水平和能力。④ 功能多样性。以校企合作为平台，建立校企联合培养人才的新机制，推动高校教育思想观念转变，创新人才培养模式，不断增强大学生实践教育的针对性、多元性、高效性、策略性，使大学生实践教育在深度、广度、效度上得到更大的发展空间。⑤ 建设长效性。高校大学生社会实践基地建设要结合社会实践基地活动现状，注重建设的长效性和实效性。

1.2 实践教育基地建设理论基础

1.2.1 哲学基础

马克思主义认为，哲学的基本观点是实践观。作为人所特有的存在方式，人的实践能动地作用于客观世界，存在于社会生活的各个方面。实践活动的哲学基础主要包括：人的主体地位是在实践活动中确认的，实践活动是实现人的全面发展的根本途径；在实践教学基地，学生可以研究各种地理现象的发生、发展和变化规律，开展对各种自然地理、人文地理现象的考察与调查。广泛接触社会、接触自然，有益于激发学生的探索精神，增强学生的观察能力、动手能力、思维能力和综合分析技能。通过实践教学，学生在教学中的主体地位得以确立，同时实践教学活动也全面提高了学生的科学素质，实现了全面发展人的根本目的。

1.2.2 多元智能理论

(1) 加德纳的多元智能理论在实践教学中的应用

加德纳的多元智能理论承认人的个别差异，认为人的智能是多元的、开放的，坚持人的智能只有领域的不同，而没有优劣之分、轻重之别。每个学生都有各自发展的潜力，只是表现的领域不同而已。该理论关注学生起点行为及个体优势，强调学生潜力的发挥。

从某种意义上说，实践教学符合人才培养特点，它是实现开发潜能、发展人的个性的主渠道。对于大学生来说，他们中的多数具有较强的形象思维智能，也可说形象思维智能是优势智能。他们经常能较快地获取经验性和策略性的知识，懂得“如何做”和“如何做得更好”。因此，针对这类学生的教学，要考虑到教学目标的定位必须明确化，教学内容的传授方式必须转换，教学方法必须适合形象思维，教学场所也应该实现多功能化。

(2) 斯滕伯格的智能理论在实践教学中的应用

20 世纪 90 年代，美国学者斯滕伯格在提出智力三成分论后，再次发展了智力理论——成功智力说。在他看来，成功智力是个人获得成功所必需的一组能力，它由分析性智力、创造性智力和实践性智力三部分组成。他认为成功智力尤其是实践性智力与传统的学业智力有明显不同，学业智力和成功智力所展现的领域不同，学业智力以传统的测评呈现，它通常给出一个明确、具体的问题，凭借语言智能、记忆智能加以完成，而实践性智力是个人解决实际工作和生活中问题的能力，它可以从个体应对或完成某项任务的表现来评判。

本科教育具有明显的生产性、职业性和实践性等特点，决定了其培养的人才除了具有学业智力以外，还要具有良好的实践能力。对其实践能力的发展起重要作用的是实践性智力，而经验又是实践智力的重要影响因素。因此，要在了解学生原有经验的基础上，尽可能发挥经验对智力发展的积极影响，在兼顾学生学业能力发展的基础上，更应强调具体工作和生活中实践性能力的培养。

1.2.3 建构主义理论

瑞士心理学家皮亚杰最早提出了建构主义理论，他认为，作为认知主体的人，在与周围环境相互作用的过程中建构关于外部世界的知识，离开了主体能动性的建构活动，就不可能使自己的认识得到发展。认知主体将外部信息纳入已有的认知结构或重组认知结构以吸收新的信息，在这个处于动态发展的矛盾体中，通过不断地建立认知结构与外界的平衡，实现认识的发展。苏联心理学家维果茨基则特别强调社会交往在人的心理发展中的作用，并认为人的心理过程结构，最初必须在人的外部活动中形成，然后才有可能转移并内化为内部心理过程的结构。当代美国著名的认知心理学家、教育家布鲁纳的认知学习理论，特别关注知识的结构、学习者的内部动机、多种认知表征方式、探索与发现未知、直觉思维、从多重观点中建构知识和价值等。

根据以上心理学家的理论，可以将建构主义应用于实践教学基地的建设中，研究建构主义在实践教学中的具体应用。根据建构主义的观点，个体学习是学生在已有经验的基础上，主动选择、加工、建构信息的过程，只能由学生根据实践活动中积累的经验构建起来，而不能以实体的形式存在于个体之外。因此，现实教学中要以学生为中心，尽量创设有利于学生学习的环境，激发学生对知识的探索热情。实践教学基地建设的过程实际上也是为学生发展创设环境,满足学生个性发展的过程。在实际教学中,学生可以不受教学大纲和教材的限制,以及班级教学形式的约束,实践教学不是对课堂教学的简单配合或课堂教学的机械外延,而是强调充分利用学生在课堂学习的理论知识,去解决生产和生活中的实际问题,提倡与当地的经济建设相联系,努力到各领域寻找和选择自己喜欢的研究课题,激发学生的求知欲望和探索精神。

1.2.4 情境学习理论

情境学习理论是西方继行为主义、认知主义之后又一重要的学习理论,可以将情境学习理论观点概括如下:首先,情境学习理论强调知识与情境之间交互作用的过程,视知识为一种基于情境的活动,是个体在与环境交互过程中建构的,学习者在情境中通过活动获得了知识;同时,学习是情境性活动,学习被理解为是整体的、不可分的社会实践,是现实世界创造性社会实践活动中完整的一部分。其次,情境学习还融入了社会建构主义与人类学观点,从参与的视角考虑学习,认为学习者应是完整的人,这不仅表明与特定活动的关系,还暗示着与社会共同体的关系,即意味着要变成一个充分的参与者、一个成员、一种类型的人。因此,学习实质上是一个文化适应与获得特定的实践共同体成员身份的过程。

学生作为学习主体在实践教学基地中观察自然现象,并进行实际操作,实际上就是一种知识与情境相互作用的过程。理论知识学习与实践能力培养融合在一起,创设了一个情境学习的整体环境,不仅开阔了学生的视野,丰富和扩大了知识面,还培育了热爱地球、保护环境的意识。学校和教师也可以通过学生实践教学前后成绩的对比,总结出有益的基地建设经验。因此,情境学习理论不仅对教学中学生的主体性研究有很大帮助,而且对反思传统教学方法,重新理解学习的本质特征有也具有重要的借鉴意义。

1.2.5 知识观基础

知识观是教学思想、教学理论的前提,不同的知识观支配着不同的教学实践,然而目前大部分教育工作者的知识观还停留在传统知识观的层面,仅将研究锁定在知识的传递与学习上,对其他知识问题则束之高阁,尤其是认为理论教学只需对学生进行知识传授,而无须实践教学。这种提法过于偏颇。可见,对问题的思考理应成为各专业教育教学问题的逻辑起点。本书从比较的视界出发,依据知识的建构性、知识的社会性、知识的情境性等维度,探索当代知识观的特征及其对于实践教学的启示。

(1) 知识的建构性

知识的建构性,即从强调客观的理性因素转向强调主体的主动建构。在强调理性至上的传统知识观看来,认知过程是主体对客观世界理性的、被动的反映过程,有关世界的知识是可靠的、僵化的、没有活力的东西。但在强调人际沟通的当代知识观看来,知识不再被看作是有关绝对现实的知识,知识是流动的,是认知主体积极建构的,是主体与客体之间的沟通与对话。因此,不应再视学生仅仅为接受知识的“容器”,教师不应该再自视为知识的权威、学生的主宰者,而应该更多扮演知识的促成者、学生的导师。

(2) 知识的社会性

知识的社会性,即从强调个体单向作用转向强调个体间交互作用。在传统知识观看来,知识居于个体内部,只关涉个体本身的世界,而与他人无关,认为获取知识的过程是个体的单向作用。在当代知识观看来,获取知识的过程不再是个体的单向作用,而是人与世界的相互作用,尤其强调人与人之间相互协作的过程。对于专业教学来说,除了使学生掌握理论知识外,更重要的便是培养实践技能、人文素养。

(3) 知识的情境性

知识的情境性,即从强调知识的个体学习转向强调知识的情境认知。传统知识观认为,知识可以脱离特定的情境借助个体的努力习得,知识的产生和所处的文化环境无关。

当代知识观认为,知识是个人与社会或自然情境之间联系的属性以及互动的产物,任何知识的取得都离不开特定的空间、时间、价值体系和语言符号等诸种因素。为此,在构建学生专业教学观的过程中,就必须更多地关注如何在实践中实现教师以经验形态存在的知识向学生个体经验的转化,关注如何通过特定情境的设计提供技能应用的情境,并让学生通过个体的亲身实践把握并寻求最佳解决途径。

1.3 沿海综合实践教育基地共建概述

淮海工学院是江苏省委、省政府为响应国家进一步加快沿海地区改革开放,于 1985 年创办的一所省属本科院校。1998～2002 年间,根据全省高等教育体制改革总体部署,均具有 50 年以上办学历史的江苏盐业学校、连云港水产学校和连云港化工高等专科学校先后并入淮海工学院。学校先后获得江苏省文明单位标兵、江苏省师资队伍建设先进单位、江苏省科技工作先进高校、全国内部审计先进集体、全国大学生社会实践先进单位等多项荣誉。2013 年 8 月,国务院学位委员会审议批准淮海工学院为硕士学位授予单位。学校位于"一带一路"交汇点建设的核心区先导区、亚欧大陆桥东桥头堡、全国首批沿海开放城市连云港市。主校区坐落在国家 5A 级风景名胜区、西游记文化发源地花果山西麓,目前占地 2162.78 亩,校舍面积 55 万多平方米。学校现有教职工近 1600 人,全日制在校本科生近 2 万人。学校下设机械工程学院、土木与港海工程学院、电子工程学院、化学工程学院、海洋生命与水产学院、计算机工程学院、测绘与海洋信息学院、文学院、理学院、法律与公共管理学院、商学院、外国语学院、艺术学院、药学院、体育学院、马克思主义学院、应用技术学院、继续教育学院等18个二级学院，开设63个本科专业，专业门类覆盖工学、理学、文学、管理学、农学、法学、经济学、艺术学、教育学和医学等10个专业门类。学校建有一支热爱高等教育事业、教学科研能力兼备、理论实践并重、德学双馨的教师队伍。1010位专任教师中479人具有高级职称，其中正高140人，博士326人，100多位教师被国内外高校聘为兼职教授、博士生导师和硕士生导师。近几年有多位教师分获“全国优秀教师”、“江苏省教学名师”、“江苏省有突出贡献的中青年专家”和“江苏省中青年科技领军人才”等荣誉称号，享受国务院特殊津贴，入选“教育部高等学校骨干教师资助计划”，被列为江苏省“333工程”培养对象、“青蓝工程”培养人选，获得江苏省“六大人才高峰”高层次人才项目资助。1人入选国家“青年千人计划”，1人获批江苏特聘教授，1人入选江苏省“双创计划”。学校拥有“海岸带经济与陆桥物流管理”省级高等学校优秀教学团队、江苏省“青蓝工程”创新团队。学校拥有规格齐全、功能完备的基础设施和办学条件。

淮海工学院坚持以人才培养为中心，努力为地方经济社会发展培养上手快、后劲足，具有社会责任感、创新精神和实践能力，适应地方经济发展和基层工作需要的应用型人才。学校长期以来重视打造实践教学平台，自20世纪90年代起就与连云港周边地区的多家企业开展校企合作，在企业的生产、研发、市场推广等实际运营过程中组织和实施工程训练，实现校内培养、工程训练和岗位训练的高度融合，学生的实践动手和创新能力获得了很大的提高。目前已经初步形成实践教学和企业工程人员培训机制，在探索应用型本科人才培养模式等方面取得显著成效。近年来，学校逐步加大了对实验实践环节经费的投入，其中实验室面积近80000平方米，全校拥有各类教学科研实验仪器设备6.3万多台(套)，总值近3亿元，其中多波束测深系统、三维激光扫描系统、核磁共振谱仪、蛋白质结晶系统、单晶衍射仪、色谱质谱联用仪、在线粒度仪等精密贵重仪器设备410多台(套)。学校近年来联合地方政府、行业及企事业单位共同打造合作培养教育平台，联合创立人才培养新机，结合“卓越人才教育培养计划”，先后与多个行业知名企事业单位合作共建了多个实践教育中心。目前，学校有省级实验教学示范中心8个，其中，机械工程学院与国内纺织机械龙头企业连云港鹰游纺机有限公司联合共建了“先进制造技术与装备实践教育中心”为省级实践教育中心。由商学院与连云港港口集团有限公司共建的“大商科”应用型本科人才实践教育中心、由理学院与国内最大的太阳能上市企业日出东方太阳能股份有限公司共建的“太阳能利用技术与工程实践教育中心”等校级实践教育中心6个，其他各类校外实践基地近百家。各专业坚持就业导向，本着“宽口径、厚基础、重实践”的人才培养方略，主动适应各自行业岗位需求变化，积极开展教学改革，不断创新，重视课程体系建设和教学内容改革，制定了具有工科特色的课程教学大纲。经过十多年的摸索和实践，学校着眼于实践创新人才的培养，通过持续建设和全方位改革，已初步形成了鲜明的专业特色，得到了同行专家的高度评价，为相关行业培养了大批优秀骨干，培养的实践创新型人才得到了用人单位一致好评。

连云港港作为新亚欧大陆桥东桥头堡、国家25个沿海主要港口、12个区域性主枢纽港和长三角港口群三大主体港之一，是中西部地区乃至中亚最便捷经济的进出海口岸，江苏沿海港口群的核心，上海国际航运中心北翼重要组成部分，国家综合运输体系的重要枢纽，是陇海兰新沿线地区便捷的出海口和服务中西部地区对外开放的重要门户。连云港港口集团有限公司是从事连云港港口建设经营的大中型国有独资企业。连云港港1933年开港，经过80多年的建设，连云港港口集团已建成泊位

52个，岸线长11.15公里，其中万吨级以上生产性泊位44个，最大散货泊位30万吨级，最大集装箱泊位10万吨级。现已建成25万吨级航道，可通航世界最大集装箱船。连云港港口功能完善齐备，拥有包括美西、地中海、欧洲、东南亚、中东5条干线在内的近40条航线，月航班突破300班，是中国最大集装箱班轮公司——中海集团在华东地区的内贸中转港和外贸基本港。集装箱、矿石、粮食、煤炭、焦炭、危险品、客滚等专业化泊位齐备，年设计吞吐能力近亿吨。作业范围覆盖了集装箱、散杂货等近200个货类。近年来，连云港港的战略区位得到了党中央、国务院和江苏省委、省政府以及各个方面越来越多的关注与重视。2009年国务院把以连云港为龙头的江苏沿海开发提升到国家战略层面，2010年又把连云港纳入长三角一体化范畴，2011年正式批准在连云港设立国家东中西区域合作示范区，并把连云港确立为最新一批国家创新型试点城市。国家战略四重叠加的政策机遇，为连云港港插上了崛起腾飞的翅膀。连云港港口服务特色鲜明，是中国进口氧化铝、有色矿、木薯干第一港，出口工程机械、胶合板第一港，出口焦炭第二港，三大进口化肥、活牲畜接卸港之一，五大粮食进出口港之一，沿海出口煤炭唯一无索赔港，集装箱沿海十大港、全球百强港之一。港口吞吐量外贸比重、中西部货源比重均占60%左右，居沿海港口前列，是国家沿海国际、国内集装箱铁水联运第一承运港。

多年来，连云港港口集团有限公司已与淮海工学院逐步形成了紧密的合作关系。连云港港口集团有限公司下设连云港港口物流有限公司、通信信息工程公司、物资公司、港口机械厂、电子口岸公司、建港实业公司、供电公司、港务工程公司、建港实业公司等子公司及集团企业发展部、人力资源部等机关部门，具备淮海工学院多个专业实践条件，且已经成为测绘与海洋信息学院、商学院、电子工程学院、计算机工程学院、土木工程学院、机械工程学院及法学院涉及工学、经济学、管理学、法学等多个学科20多个专业的校外实践基地，每年接纳大量的学生接受校外实践教育，为淮海工学院应用型复合型人才培养提供强而有力的支撑。

“淮海工学院—连云港港口集团有限公司大学生校外实践教学基地”作为538个地方所属高校国家级大学生校外实践教育基地建设之一，是淮海工学院与连云港港口集团有限公司共建的沿海综合实践教育基地。根据《关于做好地方所属高校“本科教学工程”大学生校外实践教育基地建设工作的通知》(教高司函〔2012〕170号)的精神和要求，学校创新构建校外实践教育模式，推动淮海工学院—连云港港口集团有限公司双方共同制定校外实践教育的教学目标和培养方案、共同建设课程体系和教学内容、共同组织实施培养过程、共同评价培养质量，组建由高校教师和企事业单位的专业技术人员、管理人员共同组成的教师队伍，促进地方高校与企业建立联合培养人才的新机制，规范基地管理，建立可持续发展的管理模式和运行机制，督促实践基地建设单位完善教学运行、学生管理、安全保障等规章制度，促进实践基地开放共享，充分发挥国家级大学生校外实践教育基地的引领示范作用。

通过建设，该实践教育基地承担淮海工学院测绘、机械、电子、海洋、管理等专业学生校外实践教育任务，促进校企联合培养人才新机制的建立，推动高校转变教育思想观念，改革人才培养模式，加强实践教学环节，根据建设创新型国家对应用型人才的要求，借鉴世界先进国家高等教育人才培养成功经验，以校优势特色专业、省级重点专业、国家级特色专业为依托，坚持“立足苏北、服务经济、联系实际、面向社会”的原则，以校企联合为平台，以培养“上手快、后劲足”应用型创新型人才为目标，以改革校外实践教学模式为龙头，积极探索人才培养新模式，提升高校学生的创新精神、实践能力、就业能力和社会责任感，实现了校企优质资源共享，建立了工程化、信息化、智能化的实验实训教学和管理信息平台，充分发挥工程实践教育中心教学资源作用，为全校师生了解自然、认识海洋和改造地球提供基础保障，为构建智慧地球、智慧中国、智慧海洋培养更多的人才。

第 2 章　沿海综合实践教育基地建设目标与思路

2.1　建设原则

根据实用主义教育理论、科学发展观理论和角色转换理论，在实用性、先进性、开放性、效益性、区域共享性原则基础上，结合自身地区、行业、学校特点，在“淮海工学院—连云港港口集团有限公司大学生校外实践教学基地”建设上，应体现本科教学工程大学生校外实践教育基地建设的要求，坚持强强联合原则、优化就近原则、工学结合原则、资源共享原则和注重效益原则。

(1) 强强联合原则

淮海工学院是全国首批沿海开放城市连云港直接创办的一所本科院校，历经数十年建设、改革和发展，已成为中国东部沿海地区一所初显海洋特色的多科性大学，是亚欧大陆桥东桥头堡连云港市的唯一本科大学。连云港港口集团有限公司是从事连云港港口建设经营的大型国有独资企业，涉足物流、金融管理、电子、通讯、计算机、机械、土木工程、港口建设、测绘、行政管理等多个行业，涉猎工学、经济学、管理学等多个学科。沿海综合实践教育基地建设体现强强联合，体现区域产业发展需求和行业发展趋势，统筹规划，合理布局。

(2) 优化就近原则

实践基地的选择应本着“就近不就远”的原则。实践教育基地建设最佳区位要求离学校较近，交通较方便，后勤保障齐全，食宿实惠，安全可靠等。淮海工学院四校区距连云港港口集团有限公司都在30公里之内，其中淮海工学院墟沟校区与连云港港口集团有限公司仅相距1公里，具有良好的天时地利优势，实践教学基地内的生产、环境与景观具有典型性和代表性，有利于实现良好的实践教育目的。

（3）工学结合原则

根据马克思主义、科学发展观为引领理论，各专业应打破部门、行业和学校界限，构建有利于学生获得有价值经验的教育环境，真实贴近上岗工作场景的实践环境，真正实现专业与产业、课程内容与专业标准、教学过程与生产过程全面对接，积极推进校企合作，探索校企共建、共管的实习实践基地模式。要以培养能力要求为重点，以实践项目为引导，积极探索任务驱动、项目导向，强调实用主义教育理论中的从做中学，反对以书本为中心，以实践教学代替传统课堂教学，让学生在亲身体验中学习知识，增强学生实践动手能力，工学结合，实践教、学、用一体化教学模式改革。

（4）资源共享原则

面向综合性实践教学基地，有着全面、丰富、充足的人、财、物、产、供、信息等资源，必须实行资源共享，建设集教学、科研、开发、培训和技术服务为一体的实验实训基地，合理适应各专业实践教学与发展需要。应当在江苏乃至全国范围内面向社会及企业开放实训基地，最大限度地实现资源共享，将实践基地建设成为实用性高级专业技术人才的培养基地、社会企业培训的桥梁、校企合作的载体、产学研结合的平台。

（5）注重效益原则

综合实践教育基地的建设应尽量节省资金。在等量资金的支持下，要依据专业布局和培养规模配备齐全的实践设备，尽可能地开展丰富多彩、功能多样、类型多种的实践教育项目实训，以保证学生充分的技能实践机会。要增加实践基地开放时间，提高实践基地社会服务能力，提高实训基地使用率，提高实践基地的投入产出效益。

2.2　建设目标

2.2.1　建设总体目标

以科学发展观为指导，贯彻落实《国家中长期教育改革和发展规划纲要(2010～2020 年)》精神，在已有校企长期合作过程所形成的稳固基础上，坚持学校和企业“共建、共享、共赢”的原则，持续彰显淮海工学院和连云港港口集团有限公司特色和优势，将连云港港口集团大学生校外实践教学基地建设成为特色鲜明、实践教学效果突出、管理规范、运行良好、技术先进的示范性人才培养实践基地，为探索校企深度融合、联合培养人才新机制做出贡献；通过大学生校外基地建设，进一步推动教育思想观念革新，改革人才培养模式，促进学生创新精神、实践能力、社会责任感和就业能力的跃升；积极探索与培养大批与“上手快、后劲足”应用型高素质人才培养要求相匹配的综合性校外实践教学平台的建设模式、建设途径、管理体制和运行机制、保障条件与措施；经过持续建设，力争在人才培养模式、实践教学体系、实践教学内容、实践教学师资队伍、基地运行管理机制等方面取得标志性建设成果，突出行业与地方需求，突出应用型人才核心竞争力，把基地建设成特色鲜明、优势突出、内涵丰富、具有引领和辐射作用的国内一流的校企产学合作人才培养综合实践教育示范基地。

(1) 以人为本，以服务于大学生成长成才为目标

沿海综合实践教育基地的创建需要体现以人为本的理念，把

培养人才作为高等学校的一项根本任务，以服务大学生的成长成才为首要目标。以人为本是历史唯物主义的一项基本原则，体现在各类基地建设与整合过程中，更多的意义是考虑、尊重、倾听大学生的需求，以学生的成才需求为工作目标，一切为了学生，为了学生的一切，维护和保障学生在基地的正当权益、实践效果，提升基地的实践效能。

（2）突出实效，以基地的长期化、渐进化为目标

各专业实践基地的建设与发展，不能为建设而建设，必须突出基地的时效性。仅仅基地本身实力强不能算做“有实效”，大学生参与其中得到了真正的锻炼才算“有实效”；仅仅大学生收获多也不能算“有实效”，基地自身能够健康发展、长久发展才算“有实效”。突出实效，就需要大学生的持续参与和锻炼，基地的发展有长效机制，并且随着情况的变化与时俱进，不断改进和强化。

（3）校企联合，以应用型人才培养资源的有效整合为目标

建立沿海综合实践教育基地，校企资源得到有效整合共享。连云港港口集团作为大型企业集团的优势将得以充分发挥，国有大型企业在人才培养中的社会责任得以落实。利用企业设施齐全、装备一流、技术先进的资源条件，建成校外综合实践教学基地，为工、管、经等相关学科多个专业学生提供校外实践环节的教学，将为广大学生实践能力、创新能力、创业能力的培养提供良好平台。学生参加企业各类实践活动，也将增强学生就业竞争力。同时，实践教学基地可为周边地区高校和相关企事业单位相关人才培训提供有力支持，相关社会资源在实践基地的平台上能够得到有效整合并发挥作用。

（4）持续改进，以形成校外实践基地教学新模式为目标

建设沿海综合实践教育基地，根据行业的发展和企业实际情况，持续研究和创建有利于“上手快、后劲足”应用型人才培养目标

的实践教学体系和培养方案，建成适应创新人才培养的实践教学课程体系，开发相应综合实践教学案例库，编制和完善实践教学教材、实践教学指导书等教学资源，创新实践教学评估体系；建成一套适合校外实践教学基地的教学运行管理体系和考评体系；规范校外实践教学各环节运行评估，激发教师和学生的主观能动性和创造精神，形成实践教学质量监控体系。

(5) 形成合力，以共建、共管、共享、共赢为目标

沿海综合实践教育基地建设是一项系统工程，也是一项综合性工程，涉及方方面面的工作和环节，需要高校、基地、基地所在地政府的共同参与努力。本着共建共管、资源共享原则，校、企、政多方深度融合，形成创建的整体合力，既为高校应用型人才培养创造良好的实践教育教学环境与条件，也为企业人员培训、技术攻关、技术革新提供服务，提高大学生校外实践教学基地的知名度、资源的共享度和利用度，吸引更多高校到实践教学基地开展产学研合作，不断拓宽行业交流渠道，提高学校和企业的影响力，实现基地功能，真正实现共赢目标。

2.2.2　专业基础建设目标

(1) 测绘地信类专业实践基地建设目标

坚持学校和企业“共建、共享、共赢”的原则，树立以学生为本，传授知识和技能、注重能力培养和素质提高为核心的实验教学观念，建立有利于培养学生测绘地理信息实践能力和创新、有利于教师科研和开发的实验教学体系，构建符合校企共赢的“上手快、后劲足”应用型创新型高素质人才相匹配的综合性校外实践教学平台，以普及性、通识性、开放性能力培养为宗旨，进而培养学生的创新精神、实践能力、观察能力、思维能力，并结合测绘地理信息类专业实际情况，改革人才培养模式，加强实践教学环节，提升高校学生的创新精神、实践能力、社会责任感和就业能力的开放型校外实

践教育基地，全面助推测绘地理信息实践教学层次、水平和质量的提升。

（2）经济管理类专业实践基地建设目标

根据经济管理类应用型人才培养要求，围绕实施“卓越工程师培养计划”的整体目标，依托学校省级现代商务与港口物流实验教学示范中心和连云港港口集团实践基地，建设成仪器设备先进、资源共享、开放服务的实践教育先进平台和基地；实现学生实践训练、企业工程技术人员培训的有机结合；构建一支胜任人才实践教学、技术人员培训的高素质技术团队；建立实践教学管理及高效运行机制，建成开放性强、特色鲜明的经济管理类应用型人才培养的校外实践教学基地。

（3）土建类专业实践基地建设目标

围绕实施应用型土木工程人才培养目标，强化土建类专业实践教学环节，提高大学生工程意识、工程素质和工程实践能力，结合校外实践基地的生产实际培养学生工程设计、工程施工、工程项目管理、工程质量控制等诸多方面的能力，实现“上手快、后劲足”应用型土建类人才培养目标。

经过建设，校外实践教学基地将建成施工机械设备先进、施工组织管理高效、技术水平领先的土建类专业实践教育平台；形成实践教学环节培养与工程施工进度协同、施工工程技术人员与学校实践指导教师共同指导学生、实践教学组织管理高效和行业特色鲜明的土建类应用型人才培养示范基地。

（4）通信工程专业实践基地建设目标

依托连云港港口集团通信信息工程公司的强大优势，探索校企联动的办学机制，实施校企全程共建共担的人才培养模式，构建基于实践创新能力培养系统化的课程体系，建设真实企业环境大学生校外实践教学基地，打造一支高水平“双师”结构教学团队。经过2年的国家级大学生实践教学基地建设，促进通信工程专业群的建设和发展，提升通信工程专业学生的创新精神与实践能力，增强社会责任感和就业能力。

（5）计算机类实践基地建设目标

主动适应软件产业发展特点，以社会需求为导向，以省重点建设学科“计算机应用技术”为依托，以计算机类省级“卓越工程师教育培养计划”为重点，与连云港港口集团通信信息工程公司、电子口岸信息技术有限公司合作，建设计算机类软件人才培养的示范性实践教学基地。校企共同探索软件人才培养的新模式；探寻适合实际需要的教学方法、实践教学指导方法、实践教学的效果评价方法和实践教学成绩考核方法，形成完善的实践质量考核体系；探索校企产学研全面深度合作，人员互派融合与共同培养，实现人力资源、教学资源共建共享共管，打造企业化工程实践环境，培养一支实践能力强、工程经验丰富的高素质师资队伍，实施以项目为驱动的学生实训体系，提高学生的工程实践能力和创新能力；积极推进实践教育教学改革，探索实践教学体系和工程实践环境的建设手段、管理机制、绩效考评和质量监督体系；实现校企资源整合，共同申报项目，参与科技创新、项目开发、成果转化，促进校企共同发展，为社会经济发展服务，努力把实践教育基地建成为区域软件研发、测试的综合性服务平台，人才培养的实践基地和成果转化、产业发展的孵化器。

（6）机械类专业实践基地建设目标

结合港口大型机械设备的特点，树立“面向工业界、面向未来、面向世界”的工程教育理念，遵循“解放思想、开放借鉴、校企共赢、精心组织、持续改进”的原则，以体现建设水平的先进性、训练内容的针对性和功能定位的综合性为指导方针；以社会需求为导向，以实际工程为背景，以工程技术为主线，以培养学生工程技术应用能力、提高教师整体教学和科研水平为核心；全面深化机械工程类专业人才培养模式改革，集素质培养、工程培训、创新实践为一体；建立高校、企业联合培养人才的新机制，探索面向装备制造业的应用型人才培养新模式；构建能体现制造科学与技术时代特征的实践教学新体系，强化实践教学环节，提高机械工程学科大学生工程意识、工程素质和工程实践能力，结合校外实践基地的生产实际，培养学生产品研发设计能力、工艺设计与分析能力、高端装备操作与维护能力和创新能力。

2.3 建设思路

2.3.1 总体建设思路

高举中国特色社会主义伟大旗帜，以邓小平理论、“三个代表”重要思想、科学发展观、习近平新时代中国特色社会主义思想为指导，贯彻《国家中长期教育改革和发展规划纲要（2010—2020年）》和《国家中长期人才发展规划纲要（2010—2020年）》，根据国家宏观战略，推动教学改革，以互利共赢、共同规划、共同发展为原则，与企业共同规划办学模式、实践培训、创新办学和培养体系，落实以人为本的教育理念，突出基地育人为本的理念，共建国家级本科教学工程大学生校外实践教育基地，推动高校转变教育思想观念，改革人才培养模式，加强实践教学环节，提升高校学生的实践能力、创新精神、社会责任感和就业能力。

淮海工学院在与连云港港口集团长期合作的稳固基础上，以共建国家级大学生综合实践教学基地为契机，进一步健全组织管理体系，围绕各有关专业实施“卓越工程师培养计划”的整体目标，校企双方共同构建有针对性的实践教育方案，完善基地组织机构和管理体系，拓展基地的合作领域与专业辐射，创新实践教育模式，强化师资队伍建设，建立开放共享机制，共同建设校外实践教育的课程体系和教学内容，共同组织实施校外实践教育的培养过程，共同评价校外实践教育的培养质量的运行机制，实现校企资源共享、合作共赢，建成高起点、开放性校外实践教学基地，培养“上手快、后劲足”应用型高素质人才。基地建设总体思路架构如图 2-1 所示。

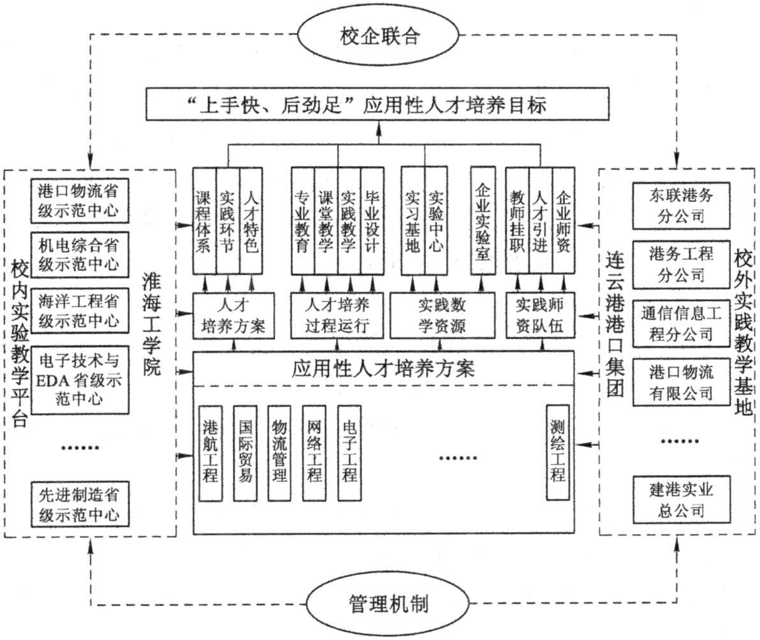

图 2-1　总体建设思路图

2.3.2　专业基地建设思路

（1）测绘地理信息应用型人才培养实践教学基地的建设思路

紧紧把握培养“上手快、后劲足”应用型复合型人才这一目标，以教师为主导，以学生为主体，用现代工程教育理念指导实践教学，促进学生知识、能力、素质的协调发展，重在培养学生的实践能力、综合素质和创新精神。按循序渐进的原则，以能力培养为主线，从基础、综合、创新三个层面，以教学科研为依托，以实验教学为平台，以信息技术为手段，以能力培养为目标，系统构建测绘地理信息实践教育基地，打造分层次、多模块、开放式的综合型实验和实践教育体系。

① 加强管理，完善实践教育基地管理机制。实践教育基地管理机构必须听取来自学校、企业及实习学生的反馈意见，不断改革和完善包括人、财、物、用、信息等方面的基地规章制度。

② 统筹考量，全面满足专业实践教学需求，包括专业课程认知实习、海洋测量实习、数字化测量实习、卫星海洋测量实习、海洋大地测量实习、技术培训、产学结合实习、开放实践、毕业实习与设计等多种需求。

③ 突出重点，适应海洋信息技术发展要求。校企双方都具有先进的海洋测绘地理信息采集处理软硬件设施，优化配置、充分利用，加强新设备新技术的应用，构建海洋测绘特色鲜明的实践教学新模式。

④ 合理组织，充分发挥企业技术人员能动性。企业技术人员是实践基地师资队伍的中坚力量，直接聘任实践经验丰富的技术人员为导师或教授，给予合理的待遇和要求，鼓励尽心指导，切实提高学生能力、素质和水平。

⑤ 顶岗实践，落实工程化实践教育模式。按照工程化、国际化的培养方向，加大复合型测绘地理信息实用人才培养力度，顶岗实干，形成一个与岗位工作接轨、产学研结合的实用人才培养模式，完善一个理论教学、技能培训和工程实践相结合的教学模式。

(2)“大商科”应用型人才培养实践教学基地的建设思路

围绕实施“卓越工程师培养计划”的整体目标，依托学校省级现代商务与港口物流实验教学示范中心和连云港港口集团实践基地，建设成仪器设备先进、资源共享、开放服务的实践教育先进平台和基地；实现学生实践训练、工程技术人员培训的有机结合；构建一支胜任人才实践教学、技术人员培训的高素质技术团队；建立实践教学管理及高效运行机制，建成开放性强、特色鲜明的经济管理类应用型人才培养实践教学基地。

“大商科”应用型人才培养实践教学体系改革的主要思路是：

① 整体优化的校内外不同阶段的实践教学内容。按照“卓越工程师教育培养计划”的要求，将实验、课程设计、综合实践周、实习、毕业设计、社会实践等实践环节有机地贯穿起来，确保实践教学时间。

② 坚持理论教学与实践训练相结合的原则，不断加强实践教学与理论教学的相互渗透与相互促进，形成目标明确、层次清楚，并具有连续性、系统性和创造性的实践教学体系。

③ 按照“学思结合”“知行合一”“因材施教”的原则，分层次、分模块，循序渐进地使学生受到较系统、较全面的实践能力与创新能力培养。

④ 加强课内外实践的结合，充分发挥课外实践活动的作用，提高学生参加课外科技活动、社团活动和社会实践活动的积极性。

⑤ 毕业设计“真刀真枪”，培养发现问题、分析问题和解决问题的实践能力。

针对学生实践创新能力培养不同层次，统筹安排不同的实践教学内容和相应的实践教学环节，循序渐进，组织教学。学校、企业、社会三位一体，课内外培养相结合、学校与企业培养相结合、实践教育与人文精神培养相结合，共同培养学生实践能力、创新精神和人文素养。

(3) 土建类专业应用型人才培养实践教学基地建设思路

结合连云港港口建设实际情况，围绕实施应用型本科人才培养目标，依托港口集团，建设技术装备先进、环境规范、资源共享、开放服务的土木工程实践教育平台；实现学生实践训练、工程技术人员培训的有机结合；构建一支胜任实践教学、技术人员培训的高素质土木工程技术与管理团队；建立实践教学管理及高效运行机制，建成开放性强、特色鲜明的土建类应用型人才培养基地；建设满足土木工程本科专业人才培养和对企业工程技术人员培训的要求，并达到国家级建设要求的实践教育基地，为高校土建类实践教育教学建设与改革提供示范。

土建类实践教学体系改革的主要思路是：

① 整体优化校内外不同阶段的实践教学内容。按照应用型本科人才培养要求，将实验、课程设计、综合实验、实习、毕业设计、社会实践等校内外实践环节有机地整合，系统优化。

② 坚持理论教学与实践训练相结合的原则。加强实践教学与理论教学的相互渗透、相互促进，形成目标明确、层次清楚并具有连续性、系统性和创造性的实践教学体系。

③ 根据教育教学规律和人才成长规律，按照"学思结合""知行合一""因材施教"的原则，分层次、分模块，循序渐进地保证学生接受系统、全面的实践能力与创新能力培养。将工程实践能力培养划分为三个层次：基本技能层、综合应用能力与初步设计能力层、工程实践与创新能力层。针对三个不同的能力培养层次，安排不同的实践教学内容和相应的实践教学环节，循序渐进，组织校内外实践教学。

④ 发挥课外实践活动的作用。加强课内外实践的结合，创造条件使学生参加课外科技活动、社团活动和社会实践活动，发挥学生实践的主动性，培养学生系统性、综合性、创新性等工程意识、团队精神和组织协调能力训练。

⑤ 加强校企合作。充分利用企业的实际工程环境和实践教学资源，结合工程实际完成毕业设计，培养学生的工程意识、工程素质和工程实践能力。

⑥ 加强工程教育中人文精神的培养。

(4) 软件工程专业应用型人才培养实践教学基地建设思路

结合电子口岸建设,以"卓越工程师教育培养计划"为指导,以社会需求为导向,以省重点建设学科"计算机应用技术"为依托,与连云港港口集团通信信息工程公司、电子口岸信息技术有限公司等企业共同合作,共同建设区域性计算机类软件人才培养的示范性实践教学基地。

积极推进实验、实践教学改革,以工程实践能力和创新能力培养为导向,分析培养软件工程技术人员核心的基本理论、基本技能和工程实践训练构建实验模块、实践模块,改革实验实践教学的方法与手段,建立实验、实践、实训的循序渐进的工程能力训练体系、实验实践教学质量评价体系。

推行校企融合,实现人力资源、教学资源和设施资源的优势整合,聘请企业工程师参与实践教学指导,选派教师到企业挂职锻炼,参与项目开发,共同培养"双师型"高素质师资队伍,共同构建和管理企业化工程实践教育环境,打造与产业界同步的高端、先进实践环境,通过实训项目和学生参与实际工程项目的研发,提高学生工程实践能力和创新能力。

主动与区域经济建设相融合,实现产学研合作,推进校企共同申报和参与科研创新、项目研发与成果转化,把实践教学基地建成连云港市及周边地区软件人才工程实践能力、创新能力培养的实践教学基地,软件研发与测试的服务中心,科技创新、成果转化和产业孵化的运营中心。

(5) 通信工程专业应用型人才培养实践教学基地建设思路

依托连云港港口集团通信信息工程公司,遵循实践教育规律和人才成长规律,建设特色鲜明的大学生校外实践教学基地。企业主导通信工程专业大学生校外实践教学基地建设,通过校企联合共建的模式,利用企业的场地资源、设备资源、项目资源、人才资源和职业环境,由学校派遣师生到企业跟岗、顶岗实践。校企开展联合项目研发，提升生产能力，促进技术升级。推动行业、企业权威认证在大学生校外实践教学基地落地，使实践教学基地成为职业技能鉴定、企业岗位技能要求、课程教学内容融合的桥梁与平台。

(6) 计算机科学与技术应用型人才培养实践教学基地建设思路

提高学生运用所学基础理论分析解决生产实践所遇到的专业问题的能力；学习运用先进的工程化方法、技术和工具进行嵌入式系统开发与设计，提高从事项目规划、实施、测试和部署等工作必备技能；培养学生的团队协作意识、掌握交流技巧(企业内部人员的交流、企业与客户之间的交流)，习惯实际项目工作方式，以迅速融入具体工程项目中。

实习期间采用双导师制。企业导师负责学生在实习基地的实际工作指导，校内导师负责学生生产实习和毕业实习设计过程的指导工作，建立企业导师和校内导师的联系交流机制，定期交流对实习学生的指导意见。

(7) 机械设计制造及其自动化应用型人才培养实践教学基地建设思路

依托连云港港口集团东联港务分公司，建设大学生校外实践教学基地。通过校企联合共建模式，充分利用东联港务分公司的场地资源、设备资源、人力资源等优势，由学校派遣师生到企业进行机械专业认知实习，使学生了解机械专业相关的机械设备，增强学生的工程实感，激发学生的学习兴趣，为下一步专业课程学习进行铺垫和打基础。

(8) 行政管理应用型人才培养实践教学基地建设思路

① 整体优化校内外不同阶段的实践教学内容。按照培养“上手快、后劲足”的应用型复合型人才的要求，将实验、毕业实习、毕业论文、社会实践等实践环节有机地贯穿起来，确保实践教学的时间。

② 坚持理论教学与实践训练相结合的原则，将港口集团具有丰富实践经验的专家以“请进来”的方式来校讲学和诊断专业人才培养方案中存在的问题，同时将学生以“走出去”的方式前往港口集团进行实践和实习，从而实现实践教学与理论教学的相互渗透与相互促进，形成目标明确、层次清晰并具有连续性、系统性和创造性的实践教学体系。

③ 强化毕业论文写作的应用性。学生带着问题意识去实习，以企业中需要解决的课题为毕业论文的研究对象，从而提高实习效率。

④ 通过实践基地建设，特别是基地教师的培训，开阔教师的视野，提高教师的实践能力。

第3章 沿海综合实践教育基地建设可行性分析

3.1 可行性概述

可行性,顾名思义为做到或实现的可能性,也就是可以行得通、可以做得到、有可能成功。可行性就是逻辑性,需要符合客观事物发展的规律。可行的政策和策略需要符合辩证唯物主义,能够揭示自然界的规律,促进对自然界的控制和改造,以及引导人类为创造物质财富和精神财富而奋斗。

20世纪30年代,美国开始推行可行性研究,最初开始使用可行性分析的目的是为开发田纳西流域作总体的分析评估。这份对田纳西流域的可行性研究在之后田纳西流域的开发利用中起到很重要的作用,因此可行性研究开始被推行。第二次世界大战以后,这个方法开始普遍被西方发达国家所使用,并在使用过程中得到不断的充实和完善。可行性研究在20世纪60年代以后得以迅速发展,大部分项目投资前期都必须进行系统科学分析。在之后的几十年中,可行性研究在发展中国家得以迅速推广有很大一部分原因在于国际经济组织对发展中国家进行的贷款项目以及大量的项目援助。如今,无论是在先进的工业化国家还是发展中国家,不管投资规模的大小,都需要先进行可行性分析以保证决策的准确性。目前,随着时代的不断变化,可行性研究的应用范围也在不断扩大，如建设项目投资决策、工农业生产的经营管理、科学实验、产品开发、环境保护、区域规划和社会改造等多方面都应用了可行性分析。可行性分析方法被规范化的一大里程碑是，1978年联合国工业发展组织出版了《工业可行性研究编制手册》，系统说明了工业项目可行性分析的研究方法。之后，联合国工业发展组织还出版了《工业项目评价手册》、《工程项目评价准则》和《项目估价实用指南》等文献指导拟建项目的经济分析、经济评价。这些资料为世界各国开展可行性研究和项目评价提供了较完备的资料，同时也在很大程度上促进了可行性研究工作在国际上的推广。

可行性分析的重要理论工具包括四个方面：一是系统分析，二是运筹学，三是预测技术，四是行为科学。简单来说就是按W-H来总结：要看什么（what），为什么（why），何时为宜（when），谁来承担（who），地址选择（where），如何进行（how）。决策的步骤为：第一，确定目标；第二，寻找和分析能够达到目标的多种可行方案；第三，选择一个满意或最优方案。方法为：一是把目标分解为若干确定的指标；二是确定这些指标的主次、缓急以及相互发生矛盾时的取舍原则；三是指明这些指标的约束。

3.2 地理条件分析

淮海工学院及连云港港口集团有限公司地理位置如图3-1所示。连云港港口集团有限公司位于连云区，从东至西直线距离约5公里的矩形区域。连云区是连云港市的三个主城区之一，连云港市“一市双城”的东部港口城区。连云港港是中国沿海十大海港之一，江苏省最大海港，位于中国沿海中部海州湾西海岸，中国沿海中部黄海之滨。连云区海岸线长86公里，其中基岩岸线40多公里，处于江苏省东北端。水文潮汐情况是最高潮位6.50米，最低潮位0.45米，最大潮差6.48米，最小潮差3.39米，潮流属于不规则半日潮。境内绝大部分为山地，主要由后云台山、北固山和东西连岛组成，地势呈中间高四周低。地处暖温带的南缘，属向亚热带过渡的季风海洋性气候地带，四季分明，气候宜人。年平均气温为14℃，1月份气温最低，8月份气温最高，年平均降水量为882.6毫米，无霜期平均为215天。区内盛产各类海产品，其中尤以紫菜、梭子蟹、对虾最为出名，全国县区级最大的紫菜养殖基地就在该区。区内有林果、蔬菜等农副产品生产基地，盛产水稻、小麦、棉花、大豆和花生。珊瑚菜、金镶玉竹为江苏省珍稀名贵特产。云台山的云雾茶为江苏三大名茶之一。连云港市是中国45个公路主枢纽之一，高速公路四通八达，连霍、同三两条国家级高速公路在此交汇，陇海铁路和310国道的起点就在境内。连云港机场达到国际4D级标准。连云区是江苏省唯一具有美丽海滨风光的城区，这里山海相拥，岛港环抱。连云区风景风光优美，空气清新，自然与人文景观相得益彰。

图3-1　地理位置图

淮海工学院苍梧主校区位于连云港市海州区东南部，距连云港港口集团有限公司约30公里。海州区海州历史悠久，地处北纬

34°25′45″～34°35′13″和东经 119°4′17″～119°13′10″，地形以平原为主，约占总面积的 80%。境内地势低平，平均海拔为 5 米。

综上可知，淮海工学院—连云港港口集团有限公司沿海综合实践教育基地地理环境条件优越，经济发达，民众衣食富足，四季分明，气候宜人，地形较平缓，无危险动植物，安全可靠，海陆空交通发达，适合开展近海、沿海、陆地的生产、教学及管理等室内外实践实习，有利于建设综合实践教育基地。

3.3　前提条件分析

校企双方都具有共建综合实践教育基地的前提条件。学校与企业将不断加强实践教学基地的软硬件条件建设，不断丰富实践教学资源，经过合理的优化组合和调整，一定会将淮海工学院—连云港港口集团有限公司大学生综合实践教学基地建设成为满足应用型人才培养要求、实践教学功能完备、实践教学设施齐全、安全高效运行、满足相关专业校外实践教学要求的国家级校外大学生实践教学基地。

① 保障安全为首要条件。校外实践教学基地接纳学生实践，基地最大的担忧是学生实践的安全保障。因此，实践教学基地规范的安全管理、安全教育、符合标准的安全设施配备是保障实践教学顺利进行的首要条件。

② 上岗的践行实践是提升学生实践能力的必要条件。要根据企业运行要求与特点，分析确定实践能力岗位，提供学生动手条件。

③ 制度、环境和文化是学生素质养成的重要基础。连云港港口集团管理规范，环境优越，是全国企业文化建设先进单位，因此要进一步凝练、宣传企业核心价值观，将企业先进文化的物质表象、制度体系、价值内核展现出来，让学生在实践教学各个环节受

到潜移默化的影响。

为使条件建设落到实处，实践教育基地条件建设将由淮海工学院、连云港港口集团有限公司共同完成；并针对国家级大学生实践教学基地建设任务要求，分为准备阶段、实施阶段、评估与持续改进阶段三个阶段来进行。

（1）准备阶段

以教育教学思想观念转变为先导，以实践教学基地企业为依托，与企业共同落实实践基地实践条件建设各项建设资金和资源投入，争取实践教学基地建设资金的尽早落实。

在队伍建设方面，要继续培养、引进、遴选一批具有“双师型”素质的实践教学指导教师，健全实践教学基地管理机构，完善实践教学基地管理队伍。

适应行业企业对应用型高素质人才的要求，结合卓越工程师教育培养计划，制定与完善应用型人才培养方案，组织方案的教学实施计划，形成规范性文件。

健全实践教学基地的管理制度。明确实践教学基地职责，健全实践指导教师、实践学生行为规范，形成规范性、可操作性的实践教学基地文件。

（2）实施阶段

相关学院和不同专业与连云港港口集团下属子公司及控参股公司共同制定校外实践教学方案，并组织实施实践教学方案。

按照实践教学方案要求，组织实践教育基地做好实践教学方案和实践教学计划的实施落实工作，做好实践教学指导教师工作任务安排，协调企业在设备、生产、工具、人员等方面统筹协调。

实践教学指导教师对学生进行安全、知识产权、保密教育，承担实践技能的理论辅导和实践操作指导，实践过程中学生管理，实践教学环节学生成绩评定等工作。

实践教学基地相关工作人员协调处理与相关职能部门和学生

所在院系的事务工作，检查实践教学各环节实施要点，以确保实践教学方案的全面实施，保证实践教学水平和质量。

(3) 评估与持续改进阶段

由淮海工学院相关学院和连云港港口集团有限公司下属子公司及控参股公司和机关工作人员组成工作评估小组，定期对学生实践教学环节中的学习态度、合作与交流、实践及创新能力的发展情况、对学习方法与研究方法掌握的情况等相关环节进行跟踪、检查和评估，并形成总结报告，提交学校及企业实践教育基地单位，及时了解实践教育基地建设情况，及时反馈，及时改进，通过实践—反馈—再实践—再反馈的环节，不断改进，不断认识，不断完善实践教育基地的条件建设。

3.4 资源条件分析

3.4.1 基地企业的资源丰富

作为江苏省最大港口和连云港市最大的特大型国有独资企业，连云港港口集团有限公司与淮海工学院形成了紧密的合作关系，全方位开展了产学研合作。连云港港口集团有限公司吸纳了大批淮海工学院毕业生就业，部分毕业生已经走上公司各级领导岗位，淮海工学院已经成为连云港港口集团有限公司的人才培养基地。各子公司及控参股公司与相关二级学院和专业系部建立了广泛而深入的联系，企业为学校相关专业的校外实践教学提供支持与条件，学校为企业发展提供人才与智力支持。

连云港港口集团有限公司是从事连云港港口建设经营的大型国有独资企业，截至 2010 年 6 月，企业注册资本 45 亿元人民币，固定资产 152 亿元人民币。连云港港口集团有限公司下设东联港务分公司、东泰港务分公司、建港实业总公司、连云港港口物流有限公司、物资公司、通信信息工程公司、连云港电子口岸信息发展有限公司、供电工程公司、港务工程公司、港口机械分公司、房地产公司等子公司，有江苏连云港港口股份有限公司、连云港新东方集装箱码头有限公司、连云港新陆桥港务有限公司等22个控参股公司，集团机关设有总裁事务部、党委工作部、安全技术部、企业发展部、人力资源部、财务部、投资发展部等机关部门，在岗职工18000多人，具有各类高级技术职称人员达260余人。

连云港港口集团有限公司是以港口建设与经营为主的多元化大型集团公司，下设连云港港口工程设计研究院有限公司、东联港务分公司、东泰港务分公司、建港实业总公司、连云港港口物流有限公司、物资公司、通信信息工程公司、连云港电子口岸信息发展有限公司、供电工程公司、港务工程公司、港口机械分公司、房地产公司等子公司，有江苏连云港港口股份有限公司、连云港新东方集装箱码头有限公司、连云港新陆桥港务有限公司等22个控参股公司，集团机关设有总裁事务部、党委工作部、安全技术部、企业发展部、人力资源部、财务部、投资发展部等机关部门，在岗职工18000多人，具有各类高级技术职称人员达260余人，经营范围遍及全球五大洲，经营业务涉及物流、港口与航道工程建设、测绘、通讯、港口机械制造与维修、财务管理、电子信息、软件、房地产开发等多个行业，集团中多个子公司或集团总部相关部门在不同时期已与学校测绘学院、商学院、土木工程学院、电子工程学院、计算机工程学院、机械工程学院及法学院共同建立涉及工学、经济学、管理学等多个学科，涉及全校20个专业的校外实践教学基地，每年接纳逾千名学生校外实践教学，为应用型人才培养提供强有力的支撑。

3.4.2 基地部门的实践支持

(1) 连云港港口工程设计研究院有限公司

连云港港口工程设计研究院有限公司于2009年与学校测绘学院签订产学研教学实习基地协议书。该公司综合专业配套合理，设计力量雄厚，技术装备先进，管理体系完善。公司下设综合事务部、财务部、计划经营部、组织部、设计所、测量部、科谊工程建设监理有限公司（包括工程部、造价咨询、招标代理）、港口工程试验检测中心有限公司、先达新技术工程公司等9个分公司及部门。在册职工223人，拥有资产总额7000万元。拥有国家注册土木工程师（港口与航道工程），注册建筑师，注册结构工程师，注册电气工程师，注册给排水工程师，注册监理工程师和注册造价工程师50余名。多名高职称技术人员被聘为实践指导教师。公司每年接纳测绘地信类36名学生完成海洋测量、港口工程测量、地理信息采集、毕业实习及毕业设计等实践教学任务。

（2）东联港务分公司

多年来，连云港港口集团有限公司与淮海工学院商学院已经形成了紧密的合作关系。连云港港口集团有限公司是学校商学院“大商科”应用型人才培养模式的合作单位，商学院先后为连云港港口集团有限公司培养了众多中高级管理人员和技术骨干人员，为企业发展提供了技术支持和人才保障，港口集团也成为商学院就业基地、人才培养基地，教师项目来源、成果转化基地，产学研合作基地。港口集团为物流管理、工商管理、会计学、财务管理、市场营销、国际经济与贸易、金融学、行政管理等8个本科专业提供相关实践教学任务支撑。港口集团兼职教师为商学院承担14门课程的实验教学以及有关专业的认识实习、课程设计、生产实习、毕业实习；连云港港口集团有限公司先后有20余人被聘为商学院实践教学指导老师。2011年起，连云港港口集团有限公司与学校商学院联合实施了“卓越计划”人才培养模式，为培养“大商科”应用型人才提供支撑。

东联港务分公司于2007年与学校国际经济与贸易专业签订产学研教学实习基地协议书。该公司为连云港港口集团有限公司下属主要生产单位，成立于1999年11月22日，由原第一港务公司和第二港务公司合并重组而成，现有职工3000多名，固定资产7亿元。公司拥有散货、杂货专用码头计12个泊位，其中万吨级以上深水泊位10个，最大泊位水深－12.5米。库场总面积39.4万平方米，总容量120多万吨，其中8座大型杂货仓库面积4.5万平方米，18股铁路专用线全长66千米，拥有各类装卸机械409台。公司主要从事氧化铝、散化肥、硫黄、矿砂、钢材、铝锭、元明粉、胶合板、棕榈油等100多种内外贸货物的装卸、运输、仓储和代理业务，与国际上80多个国家的港口和国内20多个省区的客户有着业务往来。公司多名高职称技术人员被聘为实践指导教师。公司每年接纳国际贸易专业100名左右学生完成国际贸易专业认识实习、毕业实习及毕业设计等实践教学任务。

(3) 连云港港口物流有限公司

连云港港口物流有限公司于2009年与学校物流管理专业签订产学研教学实习基地协议书。该公司隶属于连云港港口集团公司，主营业务为国际、国内贸易，陆桥保税，货代、船代，公路、铁路、水路运输，仓储，对外场站等。公司2009年年收入12亿元，利润2000余万元，为连云港市规模最大的综合物流企业。公司已获建连云港市中心货运场站，占地面积590亩。一期投资约3亿元，建设以连云港港口为依托，以海陆、海铁、海河等多种运输方式为手段，为连云港市规模最大，辐射苏北、鲁西南、豫以及陇海铁路沿线、大运河沿线、长江中上游沿线重要的大宗散杂货、集装箱集散地。公司多名高职称技术人员被聘为实践指导教师。公司每年接纳物流管理专业45名左右学生完成物流管理专业认识实习、毕业实习及毕业设计等实践教学任务。

(4) 连云港港务工程公司

连云港港务工程公司是承担港口与航道、房屋建筑、市政道路等建设工程，以及包括海洋测绘、混凝土和建筑材料加工、生产、销售等业务的国有企业。现有含一、二级建造师在内的专业技术人员 200 余名，拥有各类施工机械设备 200 余台(套、艘)。具有港口与航道施工总承包一级、房屋建筑工程施工总承包二级、预拌商品混凝土专业承包三级资质。

近 3 年承建多项港口建设重大工程，如：连云港庙岭三期突堤围堤抛填工程、墟沟港区 5 万吨级航道扩建围堤抛填工程、旗台港区 25 万吨级矿石码头围堤、连云港旗台港区南防波堤Ⅰ标段等国家重点建设工程，形成围堤长约 40 万米。连云港庙岭三期顺岸泊位陆域形成工程、旗台港区 25 万吨级矿石接卸码头陆域形成及地基加固、连云港港墟沟东作业区物流场站陆域形成及地基处理、连云港旗台港区 10 万吨级氧化铝、散化肥泊位后方陆域地基加固等国家重点建设工程，形成陆域、处理地基 300 多万平方米等。承建的赣榆港区防波堤工程进行试抛填，它的开工对建设连云港“一体两翼”的亿吨组合大港，充分发挥港口的龙头带动作用，提升整个区域经济的发展实力起着至关重要的作用。

作为学校土木工程学院各专业、测绘学院测绘工程、地理信息系统专业的校外实习基地，常年提供顶岗实习和专业实训岗位百余个，对培养学生施工技术和项目组织管理等实践能力具有重大支撑作用。

(5) 连云港建港实业总公司

连云港建港实业总公司拥有 2010 万元注册资本，公司技术力量雄厚、专业配套齐全、设备先进，从事港口工程设计、咨询、港口与航道及港区配套铁路工程施工、测量、施工承包、软地基处理、机电设备安装等性施工工程企业。2002 年经江苏省建设厅评审为港口与航道工程施工总承包二级、铁路工程施工总承包三级资质企业，2004 年经江苏省测绘局评定为“测绘资格乙级”的测绘资质，2005 年取得国家建筑施工企业“安全生产许可证”。

连云港建港实业总公司作为土木工程学院和测绘学院学生的校外实习基地，提供顶岗实习和专业实训，培养学生工程施工组织和项目管理实习。

(6) 新海岸房地产开发公司

新海岸房地产开发公司成立于 1994 年 5 月，隶属于连云港港口集团有限公司。现有工程技术人员 58 人，注册资本 2 亿元，主要业务有房地产开发、物业管理、广告策划。已完成竣工的项目有：“鑫港花园”，总建筑面积 12 万平方米，其中港口集团总部入驻的 150 米高的“连云港港口大厦”是连云港市最高建筑；在建项目“新海岸大厦”总建筑面积约 4 万平方米，“连云港港赣榆港区港口大厦”总建筑面积约 7 万平方米；新开发项目“新海岸 · 熙墅湾”总建筑面积 30 余万平方米。

公司作为土木工程、工程管理专业的实践教学基础，能提供顶岗实习和专业实训。

(7) 通信信息工程公司

连云港港口集团通信信息工程公司分别在 2004 年、2012 年与学校计算机工程学院、电子工程学院合作，建立了计算机类、通信工程专业实践教育基地。该公司固定资产值 4000 万元，主要任务是保障港口通信、信息畅通及港口通信、信息业务管理职能。主营业务包括有线通信及有线工程；无线通信（卫星通信专网及高频话台）；计算机软件开发、网络工程；安防监控系统、建筑智能化等弱电工程设计与施工；有线电视维护及相关业务等。通信信息工程公司具备江苏省通管局批准颁发的《通信用户管线建设企业资质证书》，江苏省省公安局批准颁发的《江苏省安全技术防范系统（工程）设计施工资格证书》，通过了江苏省通信信息网络系统集成资质认证；并拥有建筑智能化资质证书；2010

年被江苏省经济与信息化委员会评为江苏省首批“两化融合”示范企业，获得了 CMMI3 国际软件企业认证；被评为江苏省物流企业技术中心和连云港市信息化 A 类标杆企业。

(8) 供电工程公司

连云港港口集团供电工程公司 2010 年与学校电子工程学院合作，共同建立电气工程及其自动化专业实践教育基地。该公司负责港口的电力供应、供用电监督管理、35 kV 及以下电气工程的安装、维修、调试和设备的技术监督工作，是港口动力的心脏和命脉。供电工程公司注册资本 1000 万元，现有固定资产原值 1.11 亿元，拥有供电总容量 167 MV·A 的 35 kV 变电所 3 座、110 kV 变电所 1 座；负责维护 10 kV(6 kV)配电站 108 座；地磅衡等大型设备 201 台，近 300 千米电缆纵横十里港区。供电工程公司现有员工 126 人，高级职称 16 人。供电工程公司是全国港口供电联席会理事单位，2002 年 5 月取得省经贸委电气施工资质，同年通过国家质量认证，获得 ISO9001：2000 质量体系证书，2007 年 2 月取得国家电监办颁发的承装(修、试)四级许可证，2010 年 12 月取得建筑企业机电设备安装工程专业承包三级资质。

(9) 连云港电子口岸信息发展有限公司

连云港港口集团有限公司下属单位连云港电子口岸信息发展有限公司从 2011 年起与学校计算机工程学院开始合作。连云港电子口岸信息发展有限公司是省、市确定和重点扶持的连云港地区从事口岸物流公共信息服务的唯一专业化公司，是江苏省信息产业厅认定的软件企业，是连云港市“大通关”工作领导小组核心成员单位。公司实行“政府主导、企业运作”的经营模式，承担连云港港口 EDI 中心、连云港电子口岸、口岸物流公共信息平台和其他涉及国际贸易特定区域的国际物流园区信息平台建设开发和运营任务，并为港航、陆路运输等物流企业的信息化建设提供解决方案。公司现有注册资本 2000 万元。有专业技术人员 58 人,其中高级职称 26 人。2010 年公司顺利通过 CMMI3 认证,2011 年又通过 ISO27001 信息安全认证。

连云港电子口岸信息发展有限公司作为计算机专业学生的校外实习基地,提供顶岗实习和专业实训,培养学生工程研发能力和项目管理经验,取得了较好的效果。

已签订实践基地协议单位部门汇总如表 3-1 所示。

表 3-1　对口单位部门签订实践基地协议情况表

学院	单位部门	签订协议时间	涉及专业
计算机工程学院	通信信息工程公司	2004.2	计算机科学与技术、网络工程、软件工程
计算机工程学院	连云港电子口岸信息发展有限公司	2011.8	计算机科学与技术、网络工程、软件工程
电子工程学院	通信信息工程公司	2012.12	通信工程
电子工程学院	供电工程公司	2010.4	电气工程及其自动化
土木工程学院	连云港建港实业总公司	2010.7	土木工程、工程管理、建筑学、港口航道与海岸工程
测绘学院	连云港港口工程设计研究院有限公司	2009.10	测绘工程、地理信息系统
商学院	连云港港口集团有限公司	2011.5	工商管理、会计学、财务管理、国际经济与贸易、市场营销、金融学、物流管理
机械工程学院	东联港务分公司	2010.4	机械设计制造及其自动化
法学院	连云港港口集团企业发展部	2011.9	行政管理

3.4.3　基地企业的导师富足

连云港港口集团有限公司现有员工 18000 余人，其中，具有各类高级技术职称 260 余人，中级职称 590 余人。各类专业技术人员和管理人员年龄、结构、学历、职称、职务结构合理，具有丰富的工程建设、项目生产、技术指导及企业管理经验，具有指导学生实践实训的能力。

经过多年的合作共建，测绘学院、商学院、土木工程学院、电子工程学院、计算机工程学院、机械工程学院、法学院及海洋学院等已聘用 80 余名连云港港口集团工程技术人员、管理人员为校外实践指导教师，其中有部分高技能、高层次、高水平的专业技术和管理专家被聘为校兼职教授或导师。名单如表 3-2 所示。

表 3-2　已聘连云港港口集团校外实践指导教师情况表

序号	对口单位部门	实践导师数量	对口学院
1	连云港港口工程设计研究院有限公司	6	测绘学院
	连云港建港实业总公司	2	
2	港口物流公司	3	商学院
	外轮理货公司	3	
	东联公司	6	
	东泰公司	4	
	电子口岸公司	3	
	轮驳公司	2	
3	新海岸房地产开发公司	3	土木工程学院
	连云港建港实业总公司	6	
	连云港港务工程公司	4	
4	通信信息工程公司	5	电子工程学院
	供电工程公司	6	

续表 3-2

序号	对口单位部门	实践导师数量	对口学院
5	东联公司	5	机械工程学院
6	电子口岸信息有限公司	5	计算机学院
	通信信息工程公司	7	
7	港口集团党委组织部	1	法学院
	港口集团人力资源部	1	
	港口集团企业发展部	2	
8	连云港港务工程公司	4	海洋学院
	连云港建港实业总公司	5	

3.4.4 基地高校的坚持使命

(1) 学校实施人才培养模式改革情况

淮海工学院坚持“上手快,后劲足”应用型人才培养目标不动摇,主动适应行业岗位需求变化,积极开展教学改革,不断创新,课程体系注重教学内容,制定了具有专业特色的人才培养方案。经过多年的摸索和实践,着眼于实践创新人才的培养,通过持续建设和全方位改革,已初步形成了鲜明的专业特色,得到了同行专家的高度评价,为相关行业培养了大批优秀骨干,培养的应用型人才得到了用人单位的一致好评。

学校实施全面学分制人才培养模式改革,落实教育选择权,加强“知识、能力、素质”三位一体的培养,以教学改革促进教学建设,通过教学建设助推教学改革;合理构建专业结构与布局,科学合理制定培养方案。

加强实践教学内容与体系建设,强化毕业设计(论文)质量管理。学校严格执行《淮海工学院毕业设计(论文)工作条例》的规定和要求,建立了一套完善、科学的毕业设计质量监控体系。学校

2011 届本科毕业设计(论文)学生 4823 人,其中成绩优良 2293 人,达 48%,课题选题结合实际 4576 人达到 95%。根据《省教育厅关于公布 2011 年江苏省普通高校本专科毕业设计(论文)评优与抽检结果的通知》(苏教高〔2012〕10 号)文件精神,2011 年江苏省普通高校本专科优秀毕业设计(论文)评选经江苏省普通高校本专科优秀毕业设计(论文)评审委员会专家评审,学校获得省级优秀毕业设计(论文)团队 2 个,论文二等奖 1 项,三等奖 9 项,位居同类高校之首。2011 年在江苏省抽检的 25 所本科院校 250 篇毕业设计(论文)合格率为 69%,而学校 2011 年度毕业设计(论文)抽检合格率为 100%,毕业设计(论文)质量水平连续多年创佳绩。

积极开展大学生实践创新创业训练计划和各类学科竞赛,培养大学生创新创业实践技能;加强实验教学示范中心和校外实习基地建设,夯实实践教学基础。

学校长期以来非常重视打造实践教学平台,自 20 世纪 90 年代起就与连云港周边地区的多家企业开展校企合作,在企业生产、研发、市场推广等实际运行过程中组织和实施工程训练,实现校内培养、工程训练和岗位训练的高度融合,学生的实践动手和创新能力获得了很大的提高。目前已经初步形成校外学生实践教学和企业技术管理人员培训相结合的运行机制,在探索应用型本科人才培养模式等方面取得显著成效。

(2) 校外实践教学基地建设情况

学校高度重视校外实践教学基地的建设,加强校企沟通,建立校企“双赢”模式,积极推进校外实习基地建设工作,建立了一批规模较大、技术水平高、行业认可度高、接纳能力强的校外实践基地,如连云港港口集团有限公司、中国一拖集团有限公司、国家海洋环境监测中心、河南莲花味精厂、无锡 IBM 实训基地、江苏海建、中国移动 Mobile Market 创业孵化基地等。除学生实习及就业外,学校依托实习基地,针对企业生产经营、学校学科建设中的关键问题和有发展前景的项目开展联合攻关,进行深层次合作,为在校学生提供了良好的创业和技能培训平台。围绕应用型人才培养基本目标,学校主动走向社会、积极融入地方经济发展,搭建校企合作交流平台,为学生创造全新的实践教学环境,2011 年学校再次被表彰为连云港市校企合作先进单位。

近年来,学校还联合地方政府、行业及企事业单位共同打造合作培养人才平台,联合创立人才培养新机制,结合"卓越人才教育培养计划",先后与多个行业知名企事业单位合作共建了多个实践教育中心。目前,学校有省级实验教学示范中心 8 个,其中,机械工程学院与国内纺织机械龙头企业连云港鹰游纺机有限公司联合共建"先进制造技术与装备实践教育中心",为省级实践教育中心建设点。学校商学院与连云港港口集团有限公司共建了"大商科"应用型本科人才实践教育中心、理学院与国内最大的太阳能上市企业日出东方太阳能股份有限公司共建了"太阳能利用技术与工程"实践教育中心等校企合作校级实践教育中心 6 个。

(3) 学校与基地依托单位已有的合作基础

多年来,连云港港口集团有限公司已与淮海工学院逐步形成了紧密的合作关系。淮海工学院先后为连云港港口集团有限公司培养了众多中高级管理和技术骨干人员,为企业发展提供了技术支持和人才保障。同时,港口集团也成为淮海工学院的就业基地,人才培养基地,教师项目来源、成果转化基地,产学研合作基地。

连云港港口集团有限公司是从事连云港港口建设经营的大型国有独资企业。集团有限公司下设东联港务分公司、东泰港务分公司、建港实业总公司、连云港港口物流有限公司、物资公司、通信信息工程公司、连云港电子口岸信息发展有限公司、供电工程公司、港务工程公司、港口机械分公司、房地产公司等子公司,有江苏连云港港口股份有限公司、连云港新东方集装箱码头有限公司、连云港新陆桥港务有限公司等 22 个控参股公司,集团机关设有总裁事务部、党委工作部、安全技术部、企业发展部、人力资源部、财务部、投资发展部等机关部门，在岗职工 18000 多人，具有各类高级技术职称人员达 260 余人。经营范围涉及物流、金融管理、电子、通讯、计算机、机械、土木工程、港口建设、测绘、行政管理等多个行业。多个公司或部门已与学校商学院、电子工程学院、计算机工程学院、土木工程学院、测绘学院、机械工程学院及法学院签订了共建协议，共同建立了涉及工学、经济学、管理学等多个学科惠及 20 多个专业的多个校外实践基地。

近 3 年学生在基地单位实践情况如表 3-3 所示。

表 3-3　　近 3 年学生在基地单位实践情况

对口部门	学院	专业	是否签订协议	近三年实践学生数
连云港港口工程设计研究院有限公司	测绘学院	测绘工程、地理信息系统	是	110
连云港港口集团有限公司	商学院	工商管理、会计学、财务管理、国际经济与贸易、市场营销、金融学、物流管理	是	2400
连云港建港实业总公司	土木工程学院	土木工程、工程管理、建筑学、港口航道与海岸工程	是	480
通信信息工程公司、连云港电子口岸信息发展有限公司	计算机工程学院	计算机科学与技术、网络工程、软件工程	是	450
通信信息工程公司、供电工程公司	电子工程学院	通信工程、电气工程及其自动化	是	240

续表 3-3

对口部门	学院	专业	是否签订协议	近三年实践学生数
连云港港口集团企业发展部	法学院	行政管理	是	80
东联港务分公司	机械工程学院	机械设计制造及其自动化	是	90

连云港港口物流有限公司等部门与学校商学院在 2007 年合作共建的校外实践教学基地，为商学院工商管理、会计学、财务管理、市场营销、国际经济与贸易、金融学、物流管理等 7 个本科专业提供实践教学任务；为商学院承担 14 门课程的实验教学以及有关专业的认识实习、课程设计、生产实习、毕业实习等；基地有 26 人受聘为商学院实践教学指导老师、副教授、教授等兼职职务。基地与商学院联合实施的“卓越计划”人才培养模式，在商学院应用型人才培养中发挥了重要的支撑作用。

连云港港口集团有限公司下属的通信信息工程公司与学校计算机工程学院从 2004 年起就签订了合作协议，开始在实践教学、学生培养方面开展合作。从 2004 年到 2008 年，公司每年都会安排计算机专业 1～2 批学生的生产实习或毕业实习，为学生开设港口信息化方面的技术专题讲座，参观和了解港口信息化的具体应用。从 2008 年起，公司根据港口信息化建设的需要，与计算机工程学院在人才培养方面有了更为深入的合作，公司根据学生自愿、学院推荐和公司考核方式，遴选多批较为优秀的毕业生进入公司参加顶岗实习与专业实训，由公司安排工程师指导学生参加公司实际项目的研发，优先录用了多名优秀毕业生，学生能力得到迅速提升，公司的研发进度也有所加快。

连云港电子口岸信息发展有限公司与计算机工程学院于

2011年在实践教学、人才培养方面开始合作，2011年7月首次招收了应届毕业生到公司顶岗实习，公司安排经验丰富的工程师为学生进行授课和现场培训，指导学生参加真实项目的研发，并录用了学院5名优秀的毕业生。为帮助学生安心参加实践教学，公司提供40个工位，配备了完善的工作环境，包括服务器、计算机、软件以及网络环境。为保证学生安全，让学生安心在公司实习和实训，公司还代为安排住宿，并提供一定的生活补助。

3.5 经济合理性分析

为建设国家级大学生沿海综合实践教育基地，淮海工学院和连云港港口集团有限公司在国家财政资金的支持下，校企共同分担实践教学基地建设经费，保障校外实践教学基地建设计划的全面实施。

学校设立专项配套资金，用于国家级大学生实践教学基地建设。连云港港口集团将拨出专款，进一步完善实践教学环境和条件，并对实践基地的学生给予适当生活津贴。学校严格实践教学基地各类建设资金管理，实行统一规划，分年实施，单独核算，专款专用，专项管理，确保资金使用效益。

基地2年建设经费计划总投入500万元，其中：① 淮海工学院自筹配套建设资金200万元，用于实践教育基地师资队伍建设、实践课程体系建设、实践教学教材建设、实践教学指导教师激励和学生实践交通补助等。② 连云港港口集团有限公司配套建设资金100万元，用于实践教学基地安全条件、现场教学设施、教学管理以及实践指导教师补助等支出。③ 国家财政资助200万元，主要用于人才培养方案和实践教学体系构建、实践教学课程教材开发、企业实践指导教师培训、实践教学信息平台、实践教学基地实践教学管理机构运行、实践教学质量评估、安全设施和学生交通工具等软、硬件条件建设等。

淮海工学院将实践教学基地建设经费列入年度财务预算，连云港港口集团有限公司将确保各项实践基地建设经费足额准时到位。具体经费测算见表3-4。

表3-4　　实践教学基地建设经费使用情况

序号	项目	经费使用依据	金额/万元
1	人才培养方案和实践教学体系的构建	方案调研、研究和论证，购置图书资料，参加相关学术会议、相关成果发表等经费	40
2	实践教学项目建设	资助学生实践基本经费，指导教师进行实践教学项目建设，企业实践教学指导教师建设工作补贴	60
3	实践教材开发、实践教学案例库	实践课程教材开发，重点建设30门课程的实践教学教材。实践教学案例库建设项目	60
4	实践指导教师培训计划	专题研讨会、实践指导教师师资培训费；各类实践教学基地建设会议差旅费、会议费	60
5	实践教学基地基本条件建设	实践教学学习室的建设和维护，基本教学设备及器材购置、养护与维修，实践现场有关专业教学设施、专用教具、模型等	120
6	实践教学管理与信息管理平台建设	实践教学基地教学信息共享平台的创建、运行及维护费用，实践教学基地管理机构日常办公条件建设与维护、实践教学档案资料建设、日常行政经费等	40

续表 3-4

序号	项目	经费使用依据	金额/万元
7	实践基地教学质量监控及评估体系建设	教学质量监控、绩效评估研究，教学质量监控运行及效果评价工作	20
8	国际交流与合作	专兼职教师国际交流考察，国(境)外专家来访的部分费用等	20
9	安全设施、实习交通工具购置	实践安全工具、安全装置设施、学生实习交通工具购置等	80
合　计			500

《国家中长期教育改革和发展规划纲要(2010—2020)》指出：需加强实验室、校内外实习基地等教学基本建设，支持学生参与科学研究，强化实践教学环节，推进创业教育，加强高校校外实践教育基地与平台建设，加强实践教育基地建设是办好高等教育的关键因素之一，是实现高校人才培养目标的必然要求。为了提高淮海工学院学生实践动手能力和创新能力，学校高度重视实践教学环节的建设与经费投入。目前，学校实验室面积达8万平方米，拥有各类教学科研实验仪器设备5万多台(套)，总值达2.1亿元，其中单晶衍射仪、扫描电子显微镜、等离子发射光谱仪、数控车床等十万元以上的大型精密贵重仪器设备200余台(套)，共建海洋考察船1条。生均教学科研设备值达12700余元。全校建制性实验室27个，下设152个分室。学校直管工程训练中心1个，省级重点实验室1个，省级实验教学示范中心(含建设点)8个。近三年年均投入实验室建设经费达2800余万元。目前学校实验教学条件得到极大改善，教学环境得到优化，教学实践平台装备水平大幅提升，完全满足应用型人才培养要求。

沿海综合实践教育基地全面服务于测绘学院、商学院、土木工程学院、电子工程学院、计算机工程学院、机械工程学院、法学院及海洋学院等20多个专业近10000人的专业教育、专业实践、创新开发等教育教研工作。通过国家级大学生校外实践教学基地的建设，校企深度融合，有利于建立健全校外实践教学基地的组织管理体系，形成一套适合实践教学基础可持续发展的管理模式和运行机制，建立操作性强的校外实践教学的教学运行、学生管理、安全保障等规章制度和管理方法；有利于“上手快、后劲足”应用型人才培养目标的实践教学体系和培养方案，建成适应创新人才培养的实践教学课程体系，激发教师和学生的主观能动性和创造精神，联合培养应用型专业技术人才，大大加强实践教学师资队伍建设，建成一支校企人员共同参与的责任心强，教学、科研能力过硬、胜任创新人才培养要求的“双师型”实践教学指导队伍，引导高校教师、企业技术与管理人员联合开展针对企业生产运行的技术和管理问题组织攻关，联合申报和承担各类科研项目，加速科技成果转化，不断丰富实践教学素材，对于培养能力强、素质高、质量好的应用型创新人才提供强大的支撑作用，具有良好的社会效益和人才效益。

第 4 章　沿海综合实践教育基地建设质量保障

实践教育基地质量保障的理念，是关于实践教育基地质量保障的基本观点和理性认识，其中主要涉及人们关于实践教育基地质量保障的内涵，为什么保障，遵循的理论基础及保障什么等问题的价值判断与识别。认知实践教育基地质量保障的基本理念，是进行实践教育基地质量保障研究的首要步骤。

4.1　实践教育基地质量保障的内涵

4.1.1　质量概述

目标达成和满足需求的统一是对实践教育基地质量的要求。不同的利益主体有不同的利益诉求，对实践教育基地质量做出全面、科学的判断，需要识别实践教育基地不同利益主体的诉求。校外实践教育基地质量保障是指为提升本科专业实践教育基地质量，使实践教育基地符合实践教育基地目标、满足利益相关者需要以及实践教育需要而采取的所有政策和过程。

实践教育基地质量是一个涉及多层面的概念。选择的视角不同，对实践教育基地质量做出定义也就不同。实践教育基地质量的判断是由特定利益主体从不同的需要和标准而做出的价值判断。对本科专业实践教育基地质量做出价值判断的首要依据是满足学生实践教育需要的程度。

美国质量管理大师菲利普·克劳士比认为合乎规范或要求就意味着具有质量。现代质量管理的大师约瑟夫·M.朱兰提出“质量就是适用性”的观点，认为质量就是产品在适用过程中满足顾客要求的程度，组织的基本任务就是提供能满足用户要求的产品。ISO9000：2000《质量管理体系基础和术语》将质量定义为一组固有特性满足要求的程度。

从质量的概念中可以概括以下特点：质量所描述的对象不仅包括过程的结果，还应包括质量形成的过程本身。质量不仅要满足顾客的需要，还要满足其他利益相关者的需要。

现如今，尚未有实践教育基地质量这一概念进行基本内涵的阐释。而明确实践教育基地质量的基本内涵，对于采取有针对性的措施，切实有效提高实践教育基地质量具有重要作用。

在当前的学术研究中，学者们对高等教育质量的基本内涵的研究成果颇为丰富。实践教育基地虽然与一般意义上的教育不同，但从本质属性上来讲，实践教育基地属于教育活动中实践教育活动的基本范畴之内。因此，高等教育质量的基本内涵的研究成果对于明确实践教育基地质量的基本内涵具有重要的借鉴意义。

众多学者对高等教育质量开展了许多研究，对高等教育质量也形成了诸多定义，综合各家之言，高等教育质量观主要概括为六种：

① 阶段论质量观。高等教育质量在精英阶段是优秀、卓越、唯一、高标准，质量观在大众阶段是丰富多样的，市场导向的质量观在普及化阶段占主导。

② 需要论质量观。质量是满足消费者明确的和潜在的需要，这种观点认为高等教育质量标准主要体现为符合消费者的愿望和需求。

③ 适应论质量观。质量的本质属性是适应性。质量并无高

低之分，质量就是适应需要并满足需要。

④ 目标论质量观。只要达到高等教育目标，就是一种质量。

⑤ 全面质量观。这种质量观是把质量视为一个贯穿整个产品生产过程的术语。

⑥ 产品质量观。高等教育就其行为而言是一种特殊的社会生产活动，生产着特殊的教育产品，高等教育质量就是这种特殊产品的产品质量，常常以合格为标准。

从上述学者对高等教育质量的认识可以看出，人们对高等教育质量的理解与认识通常源自于不同的视角，从而形成了关于高等教育质量的不同观点。由此，对实践教育基地质量的理解与认识也可以基于不同学科的视角：① 从哲学的视角来看。基于哲学的理解与认识，质量观念与价值一样，也属关系范畴。客体本身的形状和特定主体的需要这两个方面是判断质量高低、有无的标准。那么，对于实践教育基地质量而言，实质上是工科院校对专业实践教育基地所提供的服务和产品是否满足各主体需要以及满足的程度如何做出的价值判断。② 从教育学的视角来看。高等教育各项活动中居于核心地位的就是人才培养。实践教育基地对于实践教育具有重要地位和作用，实践教育基地的质量首先体现在学生专业实践教育的质量上，通常表现在实践教育教学能力的提高。③ 从经济学的视角来看。按照经济学的投入—产出—效益及其相互关系来探讨实践教育基地质量，主要有价值增值观和绩效观。价值增值观认为实践教育基地的质量标准应依据实践教育基地的入口和出口之间的价值差。如以学生在进入实践教育基地之前和之后的表现、行为等来考量，那么，这两者的变化越大，价值增值就越多，实践教育基地质量也就越好。绩效观强调主要依据投入、产出生均实践成本等一些经济学指标来衡量和评价实践教育基地的建设效益和质量。④ 从管理学的视角来看。管理的根本任务是有效地实现组织预设的目标，那么，预先设定的目标就是衡量质量高低的标准。从质量观适用性的角度出发，实践教育基地质量的高低要依据其预定目标与产出结果的一致程度来判断。

通过上述分析可以看出，标准是实践教育基地质量任意一个分析视角所不可缺少的。因此，质量问题本质上就是标准问题。质量就是达到或符合标准。对于实践教育基地而言，最基本的质量标准有两个，即目标达成和满足需求。

就实践教育基地而言，用其目的或目标来衡量其质量，主要包括两个方面：一是高校在建设实践教育基地过程中有无明确的建设定位和发展目标；二是高校制定的建设目标能否有效地实现以及在多大程度上实现。

仅仅达到预设的目标还不足够，目标的适宜性还有待于实践教育基地消费者的检验。只有满足实践教育客户需求的实践教育基地才能称得上是有质量的。这是因为某一产品虽然达到了预设标准或目标，但如果不能满足消费者的需要，那它也只是合格的废品，从而不能认为具有质量。因此，衡量实践教育教学基地的质量应是“目标达成”和“满足需求”的统一。

综合所述，对于校外综合实践教育基地质量，可以做出这样的界定和理解：本科各专业实践教育基地是在既定的社会条件下，其相关参与方在遵循实践教育基地建设规律和科学发展的基础上，培养的学生符合实践教育目标、自身发展需要以及满足现在和未来组织需要的充分程度。

4.1.2 实践教育基地质量保障

质量保障是质量管理学里的一个概念，20 世纪 80 年代中期被引入高等教育领域。因此，要明确实践教育基地质量保障的内涵，有必要首先弄清楚质量保障的含义。

质量保障是质量管理中致力于提供质量要求会得到满足信任

的部分(ISO9000:2000)。具体而言,它是指在质量体系内所实施的,为提供某实体能满足质量要求的适当信赖程度,并按需要进行证实的系统的和全部有策划活动。

质量保障分为外部质量保障和内部质量保障。外部质量保障是为了使用户确信本组织提供的产品或服务等能够满足质量要求所进行的活动。内部质量保障是为了使组织领导确信本组织提供的产品或服务能够满足质量要求所进行的活动。

从国际范围来看,在高等教育质量保障方面,包括发达国家在内的世界各国,仍处于边讨论边保障的局面。因此,目前国内外学界对于高等教育质量保障的理解与认识尚未达成一致。

综合相关研究成果,高等教育质量保障可以分为宏观和微观两个层面。从国家、社会的大范围和高等教育机构总体视角开展的质量保障活动是高等教育质量保障的宏观层面。而高等教育质量保障的微观层面又包括两个方面的活动,一是从高等教育机构,如大学、学院视角进行的质量保障活动,二是高等教育的教学活动领域的质量保障活动。

综合质量管理中对质量保障概念的界定和高等教育质量保障中的研究成果,将实践教育基地质量保障界定为:旨在提升实践教育基地质量,并为实践教育基地利益关系人或相关者提供质量证明的所有政策和过程。依据保障主体的不同,实践教育基地质量保障可分为内部质量保障和外部质量保障。内部质量保障是基础,主要是指为确保实践教育基地达到相应的质量标准而采取的所有政策和措施。外部质量保障主要是着眼于树立科学的实践教育基地理念、完善促进实践教育基地质量提升的制度和体制机制,特别是要建立实践教育基地质量的监测、审计和评估机制,激发建设实践教育基地的活力。

实践教育基地质量保障主要聚焦于实践教育基地内部质量保障。首先,实践教育基地质量保障的主要目的在于两个方面:

一是促进质量得到保持和提高，二是向实践教育基地的利益相关方提供质量证据，证明实践教育基地提供的产品和服务的质量是可以信赖的。其次，为了达到上述目的，需要采取一系列的特定政策和过程，如设立质量保障机构、制定质量标准、确立评价的标准和程序，等等。

4.2 实践教育基地质量保障的目的

目的作为行动的直接动机指引和调整着各种行为，并作为支配人的意志的内在规律贯穿在人的各种社会实践活动中。

① 工具性目的和实质性目的是管理学中目的的两大分类。工具性目的多用于指导实际工作，因而一般比较具体、行为化、讲求可操作性；实质性目的多用于表示人们进行活动的最终意向，因而一般比较抽象、概括。

② 实践教育基地质量保障的目的据此分为两大类。我们主要讨论实践教育基地质量保障的实质性目的，即质量改进。评估的目的不在证明什么，而在改进什么。

③ 改进质量、提高质量，是实践教育基地质量保障的根本目的。通过建立质量保障体系，可以及时获得准确的反馈信息，然后从这些反馈信息中总结与分析实践教育过程中成功的经验与失败的教训，调整实践教育教学过程，从而确保不断提高实践教育基地的质量；实践教育指导教师和学生可以通过健全的质量保障机制，全面了解实践教育状况，发现其中存在的问题与不足，进而寻求和采取有针对性的改进措施，最终达成目标。

总而言之，专业实践教育基地质量保障活动的“最终意向”是质量改进，是质量保障内在的、最为根本的目的。

4.3　实践教育基地质量保障的理论

20 世纪 60 年代美国著名质量管理大师费根鲍姆首先提出了全面质量管理(TQM)的概念,商业和军事领域最早运用了全面质量管理方法。目前,全面质量管理已发展成为西方社会诸多领域广泛采用的一种管理理论和方法。国际标准化组织(ISO)对全面质量管理给出的定义是"指一个组织以全员参与为基础,以质量为中心,通过让顾客满意和本组织所有成员及社会收益达到长期成功的途径"。

一般意义上认为,全面质量管理有三个基本特征:全面质量管理的系统性、全面性和动态性。全面质量管理的系统性主要指社会性系统、管理类系统和技术性系统三个方面的内容。全面质量管理的全面性指全面质量管理涉及人、工作和具体环节。通常情况下,人们对全面质量管理常用三全管理即全成员参与、全方面工作、全过程活动等进行简要概括。全面质量管理的动态性是指全面质量管理关注每一个发展过程的动态,通过跟踪关注—反馈评价—完善标准来关注每一个过程是如何改进的。不断进行质量改进是全面质量管理的核心观念,通过及时根据情况的变化和顾客需要调整目标和策略,从而实现更高的顾客满意率和质量标准。

20 世纪 80 年代中期,英国、美国等发达国家在掀起的高等教育质量保障运动高潮中,对教育活动的过程并不关心,质量保障活动更多的是通过外在的评估与认证手段,教育结果的总结性评价是其关注的重点。随着全面质量管理的实施,高等教育的质量保障运动进入了新的阶段。20 世纪 90 年代初期,全面质量管理在高校的质量保障活动中的应用越来越多。全面质量管理应用于高等教育质量保障已被证明是可行的。中国专家通过实践总结,将全面质量管理的内容概括为全过程的管理、全员参与的管理、全企业的管理和多方法的质量管理，即“三全一多样”。借此概括，基于全面质量管理视角的实践教育基地质量保障也可从“三全一多样”来理解，全过程的质量管理指的是实践教育基地质量保障要贯穿于建设实践教育基地的整个过程，在实践教育基地建设的各个环节都应该把关质量，不论是从实践基地的选择还是到实践教育基地管理的每个过程都符合预定的目标，从输入、过程和输出三个方面对实践教育基地建设进行全过程质量管理与控制。全高校的管理是指高校作为一个系统，各个院系、各个管理部门都直接或间接围绕实践教育基地的总目标而工作，只有高校所有各个单位部门协调统一、通力合作，才能保障实践教育基地的质量。全员参与的管理是指实践教育基地相关的多方主体共同参与的质量管理，要调动管理者的积极性，强化管理人员的服务意识，要充分调动指导教师的主观能动性，增强指导教师的责任感，提高指导教师的指导能力，同时更要增强学生自身的质量意识，使他们了解个人在实践中的学习过程也是质量保障的一个重要方面。全员参与就是调动一切可调动的力量，管理者、指导教师和学生等都参与到实践教育基地质量保障工作中来。多方法的质量管理是指高校、企业、政府通过采用各种不同的手段来保障实践教育基地的质量。高校作为实践教育基地的直接联系者，通过优化实践课程教学、提升学生素质、选派优秀指导教师等多种手段来保障质量。政府虽不参与高校实践教育基地事务的直接管理，但可以通过立法、政策引导以及财政支持等方法保障实践教育基地质量。企业则可以采用提高自身资源实力、提高实践基地指导教师专业能力等措施促进质量的提高。

4.4 实践教育基地质量保障的内容

高校、企业、政府是实践教育基地质量保障中的三个主要利益主体。根据量化的绩效指标进行评估，确定绩效责任，还是采用内部的自我评估及外部同行评估以此改进实践教育基地质量，两者内容的精神实质都是一致的，只是各自的侧重点不同而已。一般地，质量保障的内容可以分为输入质量保障、过程质量保障、输出质量保障三个部分。实践教育基地质量保障的保证内容包括：

4.4.1 输入质量保障

输入质量保障是为建设高质量实践教育基地目标所需要的各种条件的归整，其主要功能在于帮助决策者利用已有条件解决问题。只有加强输入质量保障，进行优化资源配置，才能保障实践教育基地质量。输入质量保障主要包括实践教育基地目标理念、实践基地资质条件、指导教师队伍质量、学生准备情况和实践教育基地经费投入等五大方面。

(1) 实践教育基地的目标理念

目标理念对于行动具有导向作用，只有明确了实践教育基地质量的目标理念，才能指导全体成员向着一个方向前进；只有让全体成员都熟悉和认同实践教育基地的目标理念，才能得到最大的支持让建设实践教育基地的整体目标与各个成员的个体目标完美结合，形成合力，从而保障和提高实践教育基地质量。

基本目标就是学生有一个相对而言如教学管理、师资力量等等各个方面比较好的示范性实践基地，通过在这里的实践，通过这样的一个空间，获得在专业领域内的有效成长，这是最基本的一条。同时，不管是非常现实的顶岗，还是在研究领域需要包括指导教师的参与，或者是学生对于理论上的一个提携，还是与高校指导教师的合作，可以和高校达成这样一个对话链接。

实践教育基地对于学生进行实践教育、提升实践能力是必要的。对实践教育基地目标的认知主要从高校自身利益出发。同时，在建设实践教育基地的目标理念中涉及实践基地的需要，体现了高校与实践基地“双赢”的这一理念。这表明不同类别的高校在建设实践教育基地的目标理念上仍存在着一定的差异。目标定位对于高校建设实践教育基地尤为关键，直接关系到实践教育基地中各个环节能否顺利实现。

（2）实践教育基地的资质条件

何谓“资质”，它的渊源是指“人的天资、禀赋。”《汉书·刘向传》：“资质淑茂，道述通明。”从字面上理解“资质”就是天赋，从诞生之日就具有的能力或达到的标准。然而，“资质”在现代社会中的功效已经发生了巨大的变化。实践教育基地资质大致上可以理解为高校对实践基地的资历和信誉、办学理念、师资队伍、管理水平及基础设施等进行考核的标准。同时，实践基地企业的雄厚资源是更好的资质条件。

（3）实践教育指导教师队伍

实践教育指导教师队伍主要由两部分人员组成，一是高校实践指导教师，一是实践基地企业指导教师。实践教育指导教师队伍的素质直接影响学生的实习效果，进而对实践教育基地的质量具有重要的影响作用。从整体上来看，不论是高校实践教育指导教师队伍还是实践基地企业实践指导教师队伍，教师综合素质都较高，当然还存在指导教师指派的随意性现象，需要在开展实践教育之前进一步有效组织，动员规范，明确责任和任务。

（4）学生准备情况

实践教育过程是从实践教育的准备工作开始的。因而实践教育的准备工作是顺利完成实践实习任务、提高实践教育质量的重要保证。学生作为参与实践教育的主体，充分的准备是实践教育取得成功的保证。学生的准备主要包括心理层面的准备和专业层面的准备。

对于学生来讲，良好的心态是学生完成实习任务的必要准备，对实践教育的结果预期会影响到参加实践教育的身心状态。总体来讲，学生对实践教育的结果预期较为乐观，具有良好的心理准备和一定的自信心，调整好自己的心理状态。学生自身的专业储备即理论知识薄弱或专业技能欠缺的情况，对于实践教育效果以及整个实践教育基地的质量都有重要影响。基地实践教育应做好较充分的准备，无论在理论知识，还是在专业技能上都应有较好的水平，这样学生通过基地的实践教育才会有更好的效果。

(5) 关于实践教育基地经费投入

实践教育基地建设需要一定的经济条件作为保障，经费是一个重要的物质基础。实践教育基地的经费是指高校专业实践教育基地各要素建设所需的经费，包括实习管理费、交通费、住宿费、指导费等等。建设稳定的实践教育基地需要高投入，要确保实践教育基地质量，一定要确保实践教育基地系统中各环节的资金投入质量。一般情况下，实践教育基地需要投入相当数量的资金才能进行正常运行，如果高校投入的资金不能保证学生的正常实习，结果肯定会使得学生的实践能力难以提高，因此，高校应该根据实际情况，根据具体需要加大投入。这不但有利于稳定高校与实践教育基地的合作关系，而且有利于学生实践能力的真正提高。

4.4.2　过程质量保障

过程质量保障是根据实践教育基地建设目标的总体要求，对实践教育基地建设过程中的各个环节、各项教育实践活动等进行合理组织，建立起稳定的、协调的基地秩序，从而确保实践教育基地工作顺利开展的过程。它主要包括实践教育指导教师指导质量、学生参与质量及校企合作质量和实践教育基地管理制度四个方面的内容。

(1) 实践教育指导教师指导

实践教育活动是由学生、指导教师和相关管理人员组成的一个有机动态系统。在这一系统中，学生是实践教育的当然主体，学生的数量确定了实践教育的规模，综合素质决定了实践教育的质量。实践教育指导教师对学生进行全过程的指导和管理，对实践教育的顺利进行和实践教育基地质量的提高起着非常重要的作用。实践基地指导教师在对学生的指导上应有一定的计划性和目的性。加强与学生的沟通和交流，在指导方法和内容的选择上应更全面化，更多侧重于实践技能的教育指导，开展提供实践示范、具体化随机指导和专业技术技巧指导。高校的指导教师不仅仅是指导者，同时还是协调者和管理者，要加强校企合作指导交流和行政管理指导交流。

(2) 学生参与质量

实践教育的出发点和归宿都在于促进学生更好更快的发展，实践教育基地的质量最终也体现在学生的实习质量上。学生是实践教育的主体，实习过程不是学生被动地接受知识，而是积极主动地建构知识、提升能力的过程，因而学生参与实践教育过程的积极性、主动性对于保障实习质量尤为重要。在实践教育过程中学生的参与情况直接影响实践教育基地的建设质量，参与实践的学生在实习过程中应态度端正，表现积极，充满热情，热爱工作，追求卓越。

(3) 校企合作质量

高校与实践教育基地之间是合作伙伴关系。美国当代教育学家古德莱德认为合作伙伴关系是以共同利益为基点，以寻求共同解决问题为原则的两个不同性质的机构结合在一起而形成的一种密切关系。将二者之间的最佳状态为“共生”关系。合作双方需要在利益需求、奋斗目标方面存在一致性，并以平等互利为基本准则，发挥各自的专长、优势互补，合作双方共同的努力与投入是开展良好合作的根本。高校与企业的关系是合作关系，不仅仅体现在“面”和“量”上，还应该体现在“深”和“质”上，合作重在利益与互惠，高校在合作中更要具有主动性和敏感性，挖掘实践基地的需要，满足实践基地企业的利益，这样才能更好地提升校企合作质量。

(4) 实践教育基地制度管理

实践教育基地管理是对实践教育指导教师、学生、实施手段、形式方法及其相互关系的组织协调，服务监控，以达到整体优化，全面实现实践教育基地建设目标的活动。建立健全的实践教育基地管理规章制度是实践教育基地系统运作顺利、提高实践教育基地质量的基本保证。制度可由很多正式和非正式的约束组成，其功能在于通过各种规则为处于其中的人提供奖励或惩罚，从而规范和约束个人的行为，减少不当行为的产生。制度是社会成员共同遵守的行为准则，任何组织和团体的稳定发展都必须依靠制度来规范和维系。综合实践教育基地应制定一定的规范制度，对于达成其特定的目标具有举足轻重的作用。

4.4.3 输出质量保障

输出质量保障用于考量和判断实践教育基地建设所取得的成效，它不是最终的评定，只是质量控制的一种手段，最终的评定是针对输入质量保障、过程质量保障和输出质量保障三个方面同时发挥作用所产生的效用而进行的总体评定。从实践教育基地所产生的成效而言，可以将输出质量保障分为学生实践质量、指导教师发展质量、高校发展质量与实践基地发展质量四个方面内容。

(1) 学生实践质量

学生实践成效的高低是评价实践教育效果的重要依据，也是衡量实践教育质量的根本尺度。学生实践质量保障是实践教育基地保障中的一个重要组成部分，主要从学生的角度来考察实践教育效果及专业能力发展情况。在实践基地专业素质的基本要求方面，学生通过实践教育，应树立专业理念，巩固并发展专业知识，掌握专业知识和技术，提高专业能力与素质。

(2) 指导教师指导质量

实践教育基地是涉及方方面面的利益主体的利益共同体，各个主体的利益诉求各不相同。每一个主体的行为选择都是基于各自的利益诉求，只有充分尊重并满足相关主体的利益诉求，才能充分调动相关主体的积极性。实践教育指导教师是实践教育基地的利益主体之一，只有满足了实践教育指导教师的利益诉求，达到了一定的指导成效，才能推进实践教育基地相关工作的健康、有序开展。高校实践指导教师深入实践基地企业、与实践基地指导教师进行沟通、交流、参与共同组织工程项目实践，深入掌握实践基地项目生产流程和管理艺术，从而获得较大程度的成长。实践基地企业指导教师会深有感受，工作量增大，责任加大，同时，产生自我激励的机会，从帮助经验不足的学生的过程中获得满足感、成就感。

(3) 高校发展质量

稳定的实践教育基地对于提高学生的实践教育质量有着重要的作用。学生实践能力的提升离不开稳定的实践教育基地，对于专业实践的学生而言，将来会成为企事业单位的生产者或管理者，也可能成为企业指导教师，实践性与专业性要求较高。通过实践教育，学生教育实践能力得到提升，那么在就业时就会更加自信；同时，学校的就业率、学校的办学质量也会得到体现，人才培养方案和设想能够得到很好的贯彻。高校是建立稳定的实践教育基地的主动者，同时也是受益者，最终体现在高校的办学质量与效益上，提升了高校的竞争力，对其长远发展起着积极的影响。

(4) 实践基地发展质量

实践基地发展质量是指对口企业对于成为高校实践教育基地做出的价值判断。实践基地与高校建立合作关系，成为高校的实践教育基地企业后，实践基地开始发挥举足轻重的作用。高校与实践基地结合成合作伙伴关系，增强了社会影响，在培养过程当中,会让实践基地企业认识到高校的学生素质,通过学生自己的努力,做了一个最好的"品牌"诠释。生产企业通过与高校的对话与交流,实现了实践与理论的结合,这对于任何一个寻求发展的企业来说都是需要的。同时,实践基地教师是实践基地发展中的中坚力量,高校为实践基地教师搭建了教育培训和教育资源共享的平台,对实践基地教师的专业成长着极大的促进作用。

4.5　实践教育基地建设问题的原因分析

质量文化的缺失,是实践教育基地出现问题的根源。质量文化是一种组织文化,同时也是一种管理文化,它通过潜移默化的方式沟通人们的思想,从而产生对质量观念、质量目标、质量行为规范的认同感。质量文化可以分为三个层次:精神层、制度层、物质层。通过人们的质量观念、质量意识、质量精神所表现,是质量文化的核心层。通过质量标准、质量组织、质量法规、质量体系所表现,是质量文化的显层。通过物质环境、工作质量形象、人们的精神面貌所表现,是质量文化的表层。实践教育基地质量文化是指高校在长期的实践教育基地建设过程中形成的涉及质量的价值观念、规章制度、环境意识、道德规范及传统和习惯等"软件"的总和。它是一种高度抽象的观念,但它又是一种物化的形态如实践基地、实践教育的相关文件形式。实践教育基地质量文化集中表现为一所高校实践教育基地整体水平和整体质量的高低,同时还直接显现为学生实习质量、指导教师指导质量以及高校、实践基地自身发展质量。导致实践教育基地质量保障中存在诸多问题的出现,其中最重要的一个因素就是实践教育基地质量保障中缺失质量文化。实践教育基地质量文化缺失表现为理念层面的缺失、制度层面的缺失和物质层面的缺失。

(1) 理念层面的缺失

质量文化理念是指长期的质量管理活动中，由高校领导倡导，由全体师生自觉实践而形成的代表师生实践教育信念、激发师生实践教育活力、推动实践教育基地发展的一种基地建设理念。它在质量管理中形成，反过来为质量管理、全体师生的全面发展提供创新动力及精神支柱。质量文化理念支撑着高校专业实践教育基地的发展。但是在实践教育基地管理活动中往往存在着质量文化理念缺失的现象。

质量文化取决于高校管理者的实践教育基地建设理念、管理哲学思想。高校管理者在质量文化建设中占主导地位，他是倡导者，质量化需要他的推动，否则就无从谈起。在实践教育基地管理中部分管理者认识到了实践教育基地对于学生实践教育具有极其重要的作用，因而力求通过一些手段来调动学生、指导教师以及实践基地的积极性和主动性，但在实施过程中，却重两头、轻过程，致使一些学生和指导教师对于实践教育重要性淡化，进而影响到实践基地的行为态度，致使实践教育基地的效能逐渐降低。除此之外，学生与指导教师是实践教育人员的主要构成成分，在实践教育基地质量文化建设中的地位举足轻重。但是，在日常的质量管理中，指导教师与大多数学生还只是被动遵守学校的规章制度，师生的主体需要没有充分激发出来，没有得到充分的体现，从而影响实践教育基地质量的提高。

(2) 制度层面的缺失

制度文化是用优化的管理方法，按照现代科学管理的原则，规范、约束高校成员的行为，以提高学校的管理效益和办学质量，进而实现学校的奋斗目标。

就实践教育基地而言，目前部分高校在实施教育基地质量管理过程中存在缺少制度文化的现象。高校对于实践教育基地实行单一的质量管理，主要由管理者对学生实习进行检查与监督，以学生的终结性成果评定为主来考核指导教师的工作成效及学生的实习质量，而实践基地并没有参与到质量管理中，缺乏全面的质量管理。著名管理学家戴明曾指出：85%的质量问题是由管理制度和体系造成的，目前高校专业实践教育基地质量管理制度松弛，人制色彩浓厚，呈现出质量管理制度不够严谨、形式主义过于严重、执行力度不够的特点。

(3) 物质层面的缺失

物质层面质量文化是质量文化的表层，是质量文化的最直接表现形式，主要包括高校专业品牌文化建设、实践基地环境质量等。就目前专业实践教育基地而言，质量文化物质层面建设存在一些不足之处。首先，高校专业的品牌文化，它应该强调学生参与实习前的准备情况，并扎根于高校专业实践教学之上。但是一些高校培养的学生，存在理论储备与技能储备欠佳的情况，不能很快适应实践场所的环境。其次，实践基地的环境质量是专业实践教育基地质量文化物质层面建设的一个重点，也是实践教育基地质量物质文化形成的保证，实践基地的环境质量的水平在很大程度上影响着实践教育活动的过程，决定了学生的实习质量，是学生实习质量形成的物质保证。但是部分高校由于实践教育经费不充足，影响实践教育基地建设各个环节中的资金投入，进而影响实践教育基地质量的提高。合作培养过程中存在的主要问题包括：① 学校与企业在人才培养认识方面存在一定的差异。学校将学生放在企业中培养，目的是提高学生的实践动手能力，锻炼过硬的技术，把学生逐渐培养成合格的员工；企业则更多将学生直接认定为员工，在企业学习就是培养优秀员工的过程，两者目的相同，但企业这种做法忽略了学生由受教育者向员工的角色转换过程，使还处在大学学习期间的学生很难接受，在思想上出现一些波动甚至抵触。② 管理团队本身存在不足。虽然成立了合作教学管理部门，但该部门工作侧重于教学管理和学生管理且与企业的经营管理相对分割，由于办学点较远，主要负责人不能长期驻点，部门负责人及企业安排的临时管理员在合作积极性、对学生的认识水平上和经营管理能力等方面存在欠缺，导致学生在工作、学生上面没有充实感与归属感，积极性不高。③ 对基础知识与素质方面的培养存在缺陷。培养优秀的职业人是开设合作培养的主要目的，在技术方面，确实取得了很好的效果，学生技术进步很快，也学到了一些待人接物的实用知识，但在知识方面，由于专业理论知识安排没有经常性教学，导致学生学习兴趣较差，对知识掌握和吸收较为困难，可以说有得有失。素质方面，因为实践基地企业离学校较远，教师很少长期驻点，对学生进行素质提升机会很少，本以为优秀的企业会把员工培养成优秀职业人，但在实际过程中发现，企业根本没有这样的意识，导致学生在如何做人等方面陷入迷茫，这是设计之初没有料想到的。

4.6 实践教育基地质量保障措施与对策

美国著名质量管理学家朱兰博士认为：21 世纪是质量的世纪。随着人们对质量的理解不断加深，对高等教育质量及实践教学质量的关心程度不断深化，实践教育基地质量就成为当下人们关注的聚焦点。淮海工学院与连云港港口共建沿海综合实践教育基地，为了实现建设目标和任务，持续高效服务于应用型人才培养的专业实践教育要求，坚持校企共赢，采取了系统性系列保障措施与对策。

4.6.1 增强基地质量保障主体的质量意识

实践教育基地质量保障活动的组织、实施者是质量保障的主体。根据利益相关者理论，借鉴国内外高等教育质量保障的有益经验和专业实践教育基地建设的实际，实践教育基地质量保障的主体应定位于高校实践教育基地管理者、学生、实习指导教师等。

不同的质量保障主体由于自身的学历背景不同、立场不同，他们对质量的理解、重视程度也不尽相同。因此，要提高质量保障主体的能动性，就必须提升他们对实践教育基地质量保障的重视程度，增强质量意识，形成合力、共同保障，才能创造良好的保障环境。

对于高校专业实践教育基地管理者而言，应遵循全面质量观，高度重视质量保障工作。必须充分认识到实践教育基地质量对于学生实践能力的培养以及人才培养目标实现的重要影响，找准自身在实践教育基地建设过程中的职能定位，关注建设过程的各个环节，特别是制度建设与管理工作。对于实践基地企业领导而言，应认识到实践教育基地对于技术、管理人员专业成长的重要性，不断增强自身的参与意识与主体意识。对于学生的重要关系人的实习指导教师而言，除了具备高度的责任感和使命感，还要把更多的时间和精力放在指导学生上，同时还要实现从“要我指导”到“我要指导”的质量文化观念的转变。对于学生而言，必须端正自身的实习动机，意识到自身实践能力的提高与自身的主动性与创造性的发挥有更密切的关系，树立实践性质量观。

4.6.2　践行基地共赢的目标理念

思想决定行动，理念引导实践。实践教育基地目标理念是指导实践教育基地相关工作的价值体系，包括思想、精神、观念等。这一价值体系指导着实践教育基地的功能定位、师资队伍建设、管理制度以及组织文化。高等院校要确保实践教育基地相关工作沿着正确的方向发展，就必须树立科学的实践教育基地目标理念，这样才能确保实践教育基地质量不断提高。

理念是行动的主导，只有树立科学的理念，才能有正确的行动。过去，实践教育基地目标理念中始终是学校自身利益与需要占主导地位，实践教育基地企业的利益诉求几乎无立身之地，高校的实践教育基地决策者历来只强调实践教育基地的及时性，而忽视实践教育基地的长期效应。这种实践教育基地目标取向的基本模式和基本思维方法在建设实践教育基地中始终占主导地位，实践教育基地决策者主要从学生实践能力提升与发展的角度强调实践教育基地的重要性和基础性作用，做出这种目标取向的选择有一定的必要性和合理性，但它忽略了实践教育基地的特殊性及其中的“利益共同体”取向，忽视了实践教育实践基地企业的利益诉求。

实践教育基地的主体理念不是单一的，而是多维的、多层次的，是多个利益相关者结合在一起的复杂系统。其中最主要的利益主体是高校与实践基地企业、学生与指导教师，且各利益主体之间存在密切的相依性。因此，从价值理念入手，只有树立符合各个利益相关者利益诉求的目标理念才是科学的、合理的，即树立高校与实践基地“共赢”的目标理念，这样的目标理念可以体现为：① 顺利开展高校专业教育实践课程。② 把实践基地的研究、发展和学习作为高校专业的主要使命。③ 使高校专业指导教师与实践基地指导教师相互合作，相互依赖，共同为团队工作和以“学生为中心”的实践教育做准备。④ 为实践教育学生提供专业的实践知识和技能。⑤ 为企业技术和管理人员的专业成长提供机会。

对于沿海综合实践教育基地建设，高校领导作为实践教育基地决策者，充分认识到实践教育基地目标理念是对实践教育基地建设的重要性、基本运作规律的科学认识，克服过去不理智做法，坚持实践教育基地目标理念，把高校自身利益与实践基地企业利益同时放在目标理念的主导地位，注重实践教育基地企业的利益诉求，实现校企共享惠利、共同发展。

4.6.3　完善实践教育基地的制度建设

实践教育基地管理是一个复杂的系统性工程，它涉及多个环节。实践教育基地各个环节的有效运作，操作程序的规范化以及管理制度的全面与细化是确保实践教育基地有序运作的基础。高效、灵活的实践教育基地规章制度，能对实践教育基地各个环节的工作起到积极的约束和规范作用。

实践教育基地制度建设反映了实践教育基地系统各主体之间的关系，直接关系到实践教育基地各主体功能的充分实现，是影响实践教育基地质量的关键因素。过去，实践教育基地制度的规范化程度不高，实践教育基地相关工作执行不到位现象时常出现，虽然在建设实践教育基地时有制定总的规章制度，但是缺乏具体的、可实施的详尽细则，导致实践教育基地相关工作没有统一规范的标准和要求，也难以在实际工作中贯彻执行，无法达到制度化的目的，实践教育基地的制度建设是相对滞后的。

对于沿海综合实践教育基地建设，专业实践教育基地管理工作的基本内涵已经不再是原来的实践教育管理，而是应向整体规划、宏观指导、督促检查、制度规范的职能转变；实践教育基地的建立与管理是在多方参与合作的基础上发展起来的，实践教育基地的建设和发展，不是单方面努力就可以完成的，而是需要校、院、实践基地企业之间的通力配合。只有三者之间各司其职，共同管理，互相配合才能实现实践教育基地的良性发展。只有全面完善实践教育基地多方面机制建设，才能真正保障综合实践教育基地建设质量。

(1) 建立合作关系制度

院系与实践基地企业建立合作关系时，签订实践教育基地共建协议，明确双方的权利与义务，这种互惠共赢的合作关系的确立需要打破过去各自为政或实践基地从属院系的局面，建立合作意识，形成院系“下移”、实践基地企业“上行”的新形式，即院系拥有丰富理论基础和前沿的学术氛围，实践基地企业具有真实的生产项目教育情境。基于此，两者之间的互惠关系体现在以下两个方面：对院系而言，实践基地的教育实践技术可以为院系的科研注入新的生机与活力;对实践基地而言,院系的理论成果可以为实践基地技术管理人员解决实际问题提供新的方法和策略。更需要说明的是,实现该合作关系需要多方面的持续努力与维护。其中,院系需要主动出击与实践基地企业取得联系,发挥人才和科研优势;制定实践教育改革与研究课题合作制度,聘请实践基地员工担任院系专业特聘教授,共享合作制度、培训制度、资源制度;可以每年定期召开实践基地负责人座谈会,提供多方交流的平台;同时,倾听实践基地企业的意见,不断总结和交流实践基地建设的经验,对成绩突出的基地部门单位和个人进行表彰,不断促进实习基地质量的提高。

(2) 健全管理制度

校企对综合实践教育基地的管理,不能仅停留在实践教育的管理模式上,不能只依靠带队指导教师管理实习队和学生。校企必须改变单一的实习管理模式,建立院系和实习实践基地"二位一体"互动式实践教育基地管理模式。院系可成立专门的"实践教育领导小组",成员可由专业和实践基地领导或指导教师组成,其职责之一就是统筹规划、合理布局、统一管理实践教育基地工作,包括指导教师的选派、学生的分配、实践教育的组织与管理等方面。同时该小组还负责拟订"实习指导手册"与"实习工作计划"。实习指导手册对指导教师的职责、人员资金的分配以及实习期间应该注意的问题等都应做出具体的要求。实习工作计划应由院系同实践基地共同协商制订,这样所制订的计划才能将学生的基本情况同实践基地的具体实际情况结合起来,保证学生的实习工作计划合乎实践基地的具体实际。

(3) 完善监督制度

院系应对实践教育基地的质量进行监督,才能确保基地质量。院系可以成立专业实践教育基地质量监督部门负责对实践教育基地质量进行监督。实践教育基地质量监督机构的主要职责包括以下两个方面。第一，该机构应该定期或不定期对实习指导教师的指导情况进行跟踪了解，可以通过发放调查表、与学生面谈、进入实践基地视察等形式进行。如若出现实习指导教师对学生的指导工作未保质保量，院系可以及时针对问题与实习指导教师进行沟通、协商并进行改善、调整；通过收集相关资料和信息，对实践基地的实施状况以及学生具体实习进展情况进行整体的把握，对学生结束时进行评价，为是否达到合格实践基地标准提供依据。第二，该机构应为实践基地提供必要的支持和帮助，当实践基地在合作过程中出现意外状况或遇到困难时，院系应配合企业寻找原因，给予及时的支持，帮助实践基地提出具体解决方案，确保问题的解决以及两者之间合作关系的稳固。

4.6.4　加强实践教育指导教师队伍建设

4.6.4.1　存在的问题

实践教育指导教师是一个实践型的团队，由高校教师和实践基地一线技术与管理人员组成，双方所承担的任务不同并且扮演不同的角色，共同负责学生的专业发展。实践教育基地质量的高低依赖于指导教师队伍素质的高低，指导教师队伍建设是提高实践教育基地质量的核心和关键，也是最有力的保障。这从一定程度上可以反映出对实践教育指导教师的要求，实践教育指导教师队伍建设要充分认识到一些亟待解决的问题。

（1）高校实践指导教师压力大。

学校在确定实践教育指导教师方面缺乏既定标准，实习指导教师无论是在数量上还是质量上都难以保障。就数量上而言，由于高校专业的招生规模近年来在不断扩大，而招聘的师资却与之远不匹配，专业教师往往是“一个萝卜多个坑”，到实践教育时就出现指导师资严重不足的情况，由于分配的指导教师人数太少，不能保证对每个学生进行有效切实的指导。就实践教育指导质量而言，除了与指导教师的数量有关，同时也与指导教师的知识面与责任心密切相关，表现在：① 安排没有实习指导经验的年轻教师指导实习，无法保证实习指导的质量，同时，也有一些指导教师知识面较窄，自身缺乏实践基地实践经验，也就无法给予合理有效的指导与帮助。② 由于学校指导教师既要带队实习又要返校上课及处理其他事务，身兼数职，疲于奔波，实习指导教师擅离职守的现象比比皆是，很多实习指导教师负责联系实践基地之后，将学生送到实践基地，待到学生实习结束后做好相关的收尾工作，中间几乎不对学生进行任何指导，与实践基地的指导教师也没有保持密切的联系，或者有些实习指导教师迫于某方面的压力，偶尔去一次实践基地，但多是走走过场。

（2）实践基地企业指导教师积极性不高

实践基地企业指导教师存在着指导能力不足、指导积极性不高等问题。实践基地企业指导教师多数有着丰富的专业教育教学实践经验，但是难以将自己作为专家型的知识经验与技能和智慧，通过有效的方式把缄默性的知识变成显性的、学生能够领会的知识和经验。这部分指导教师自身条件是优秀的，但是指导能力上存在不足。由于实践基地企业指导学生与晋升职称无关，实习补助、津贴有限，因而指导实践教育教师的积极性并不强烈。有些指导教师责任心不强，为了完成实践教育计划，只布置实习任务却很少对学生进行有效的科学的指导与帮助。另外，有些指导教师担心学生的介入会打乱自己形成习惯的工作安排，极少“放权”给学生，未给学生提供锻炼的机会。

4.6.4.2 加强队伍建设

对于沿海综合实践教育基地建设，全面加强实践教育指导教师队伍建设，校企指导教师管理有了健全的规划、专业、激励、培训和考核等系统制度保障，确保实践教育基地的师资团队，实现实践指导需能上、上能胜。

(1) 严格实践教育指导教师的选派

① 院系实践教育指导教师的选派条件首先是愿意担任实践教育指导教师，这是最基本的条件与要求。其次是对实践教育有正确的认识，有先进的教育教学理念，有较高的专业道德水平，能够做到为人师表，有充沛的精力和较强的责任心，有一定的沟通、协调、管理能力等。最后院系实习指导教师应有较强的专业知识和实践经验。

② 实践基地企业实习指导教师的选派条件对实践教育有正确、积极的认识，有意愿担任、愿意贡献时间精力也是实践基地实习指导教师选派的首要要求。其次是有丰富的专业技术生产及管理经验，业务水平高，理念先进，师德高尚，专业知识丰富，专业能力强。再次就是良好的人际沟通能力、合作能力，能够准确表达自己的思想、愿意分享、具有同理心，能够与学生协商合作。

(2) 开展实践教育指导教师的培训

实践教育指导教师不仅要具备优秀的条件，同时还要具备一定的指导能力，才能更加有效地指导学生。因此，有必要对实践教育指导教师进行适当的培训，不论是对院系实习指导教师，还是对实践基地企业实习指导教师。这种培训可以采用会议的形式在实践教育开始和结束的阶段进行，这样的培训会议旨在为指导教师提供一个彼此交流的平台，以提升指导教师的指导能力。会议可以采用活动主题的形式开展，指导教师可以根据不同的活动主题，探讨不同情境下可能遇到的问题以及解决策略。通过培训会议的开展，培训教师们可以更加明确培训对他们的具体要求。第一，指导教师应增强自身的参与、指导的意识；第二，指导教师要了解学生的实习目标以及实习的具体方案与内容；第三，指导教师要掌握多种形式的评价方法，特别是对学生听课、评课、议课等相关技巧的评价方法的应用；第四，指导教师应具有倾听与咨询技巧的能力以及具备为学生提供支持与指导的能力；第五，指导教师应具备对学生实习过程分析与评估的能力。

（3）构建实践教育指导教师评价体系

教师评价是教师管理制度的重要方面和首要环节，发挥着引导、监督和激励作用。因此，构建科学的实践教育指导教师评价体系对于加强实践教育指导教师队伍建设具有举足轻重的作用。

① 要多层次开展实践教育指导教师评价。一是实践教育指导成果评价，主要是根据学生的实习收获和行为变化的程度来判断实习指导教师的工作价值。主要通过学生实习结束时的讲课、说课的效果来评价。二是实践教育指导行为评价，主要是根据实践教育指导教师完成实践教育指导职责与任务的表现来评价指导教师的工作。三是素质评价，主要是对实践教育指导教师的思想观点、心理、能力以及知识水平等做出的综合判断。

② 要多手段开展实践教育指导教师评价。一是实践教育指导教师自我评价。自我评价是教师专业能力提升的必备手段，指导教师通过对自身的深度剖析，发现自身的不足之处，才能在工作中加以改进和提升，促进自身专业水平的提高和完善。自我评价是实践教育指导教师出于自我改进的内在动力，对于实践教育指导的改进具有十分重要的作用。二是学生评价。学生在实习的过程中和指导老师联系密切，他们对指导老师的指导方式有着切身的体会，因此，学生是教师实习指导教师的主要评价者。院系可以在学生参与实践教育过程中和实践教育结束后，通过对学生进行问卷、座谈、个别访谈等方式来了解实践教育指导教师的指导工作。三是同行评议。同行评议指院系实践教育指导教师与实践基地企业指导教师互评。在学生实践教育过程中，院系实习指导教师和实践基地企业指导教师都对其进行指导，两方的共同指导会就学生的实践教育进行沟通与交流，彼此之间的评价与建议就显得更有针对性和实效性。

4.6.5 鼓励学生发挥实践教育主体作用

作为专业实践教育基地中的主体，学生参与实习的准备和实习过程中的学习能力对学生的实习结果具有十分重要的影响。因此，确保实践教育基地质量，关键要做好学生的实习准备，提升学生的学习能力，真正发挥实践教育的主体作用是实践教育基地有效实施的重要保障。

沿海综合实践教育基地建设，极力关注学生的主体意识，鼓励学生做好参与实践教育准备工作，主要包括业务准备和心理准备。业务准备主要指学生的专业所需的知识储备和技能储备，要求学生做好知识储备和技能储备，具备较扎实的理论知识和课程实验操作能力，参与校内各类实践活动，全面提高专业知识和能力，树立参与校外实践的充足挚爱心、自信心，改变紧张、焦虑的心理情绪，以更加理性、热爱求知的心态参加校外实践教育全过程，保持师生共荣、相亲相爱、共同进步的良好关系，全面达成实践教学的培养目标和工作要求。激励学生改变学习方法，提高实践效能，坚持理论来源于实际，理论指导实践，主动把科学先进的知识、技术和理论应用到实践基地的现场实际之中，分析解决实践教育过程中的问题，对自己的实习经验和经历进行有效的反思、反省，不断提升个人的专业知识、实践技能和心理素质，为共建沿海综合实践教育基地的持续改进发挥主体作用。

(1) 强化学生的实习准备

首先，院系要突出专业的地位。院系对学科专业的发展要做到：拓宽学科专业的范围、夯实其基础以及增强其适应性，对专业课课程要进一步细化，对学生的专业知识理论要进一步深化。其次，院系要丰富学生的专业实践经验，提高学生的专业技能以及加强学生的心理准备。院系要做好学生实习前的知识技能储备工作，以帮助他们理论指导实践，顺利过渡到专业的实践教育环节，通过对学科专业的知识内容进行扩展或增加其课时数的形式，来扩宽学生的学术视野，增加他们的专业知识，加强他们对工作和专业职业的理解，以及提升他们探究、创新的意识与能力。同时，院系还应增设大量针对性和操作性强的专业实践职业技能强化训练项目，这些项目可以使学生初步掌握开展专业生产项目工作的方法和策略，以达到课程设置中确保技能性与学术性并重的目的。在实践教育方面，院系还应结合学生实习的需要，开设一些针对性强、目标明晰、循序渐进的实践教育课程，并进一步形成实践教育过程制度。除此之外，在面对学生实习过程中遇到的困惑和难题，尤其是学生消极情绪问题时，院系应采取积极的对策。有不少院系制订了专业实践教育计划，将学生的实践教育、业务指导与个人发展规划结合起来，运用指导专业实践、开放性实验、角色转换、创新实验和联合决策等多种思维技巧，来增强学生的自我效能感以及提升他们的人际交往技能，以保证他们能够顺利地、高效地完成实习任务。

(2) 提升学生实习过程的学习能力

学生参与实践教育学习能力的重要性体现在实践教育过程中通过适当的方式和方法获取实践智慧、提升实践技能的能力。学生在实习过程中学习能力的强弱，直接影响实践教育的效果，对于实践教育基地质量的提高也至关重要。

① 要树立正确的实践教育学习理念。理念是行动的先导，提高实践教育学习能力首先要对实践教育给予足够的重视，树立与实践教育相适应的学习理念。正确的学习理念可以帮助学生明确实习的目的，增强实习的主动性并提高实践教育的效果。一是要

增强学生在实习中的学习自觉性。实践教育过程中，学生参与实践教育的学习自觉性、主动性、积极性极其重要，不要被动的接收与灌输，而应主动的积极实践。二是学生在实习过程中要秉持批判、反思的精神去学习。学生在实践教育中，深入到生产实践的真实情境中，所学理论与现实做法必然存在着差距和冲突，学生面对这种状况要敢于对自己已有的专业理论知识与技能、技术与方法进行研讨和反思，以打破不够科学的技能和经验定式，这样才能够吐故纳新；同时也要以开放的心态向新技术学习，向新方法、新思想、新装备、新科学学习，向实习指导教师学习，才能取长补短，提升实践智慧与技能。

② 要掌握科学的实践技术学习方法。首先，要明确实践教育的目标与内容，围绕实践教育计划展开实践活动。其次，学生要对实践教育学习的收获进行系统的总结和提炼，并据此提出能够应用到生产工作中的具体计划和策略，再将这些策略和计划的应用及时向实习指导教师沟通与交流，争取实习指导教师的支持，并运用到实际工作当中。此外，还要将所学习到的新技术、新技巧与同学们分享与交流，形成运用实践成果的共识，在与同学们的沟通与交流中获得共同进步。实践带来的不仅仅是技能提升，更多的是职业能力的提升，便于设立职业目标，向优秀职业人迈出坚实的一步，增加学生对企业的归属感，为未来进入企业工作做好准备。

4.7　实践教育基地建设满意度分析

淮海工学院与连云港港口集团有限公司共建沿海综合实践教学基地，具有良好的地理环境条件、前提条件、资源条件和经济效益，校企双方为了实现共建持续高效服务于应用型人才培养的专业实践教育要求，创建互惠共赢的综合实践教学基地，制定了多项规范制度，采取了系统性系列保障措施与对策，确保了实践教学基地建设质量和服务需求。为了开展沿海综合实践教育基地满意度调查分析，针对校企双方和主体学生进行问卷调研，从地理环境、资源条件、实践指导、经费支持、管理机制和总体评价等方面对沿海综合实践教育基地进行了随机调查，分别调查参与实践学生、企业专业人员与管理人员、院系领导与教师，根据调查统计结果开展满意度分析，其满意度情况如图 4-1～图 4-4 所示。

由分析图表可以看出，经过校企双方的共同努力，厘清了过往院系校外实践教学基地建设中的不足问题，采取了相应的措施和对策，学生、企业、院系对综合实践教育基地的地理环境、资源条件、实践指导、经费支持、管理机制和总体评价都很满意。对于地理环境方面，院系基本满意率高达 100%，总体评价仅有 1.1%不够满意或不满意；对于资源条件，学生与院系基本满意率都高达 100%，总体评价仅有 0.2%不够满意；对于实践指导方面，校企双方基本满意率都高达 100%，总体评价仅有 0.2%不够满意或不满意；对于经费支持方面，院系基本满意率高达 100%，总体评价仅有 0.6%不够满意或不满意；对于管理机制方面，校企双方满意率都高达 100%，总体评价仅有 0.2%不满意。总之，全部总体满意率最少达到 73.3%，院系对实践教育基地建设的所有 5 方面条件基本满意率都达 100%，学生、企业的基本满意率也高达 98 以上，体现沿海综合实践教育基地建设能实现共赢、互利、合理、高效。

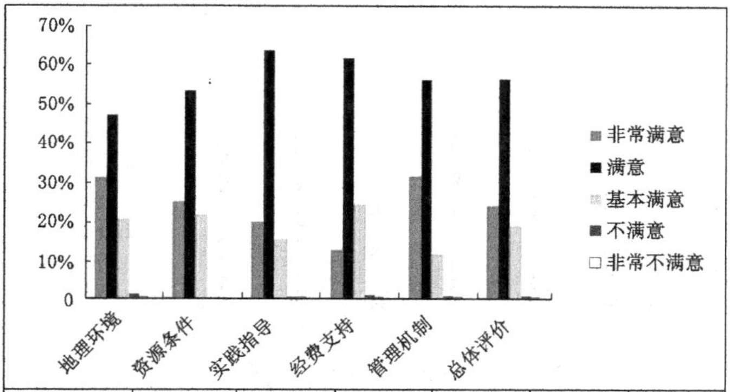

内容	地理环境	资源条件	实践指导	经费支持	管理机制	总体评价
非常满意	31.2%	25.2%	20.2%	13.0%	31.6%	24.2%
满意	47.2%	53.2%	63.6%	61.6%	56.2%	56.4%
基本满意	20.6%	21.6%	15.8%	24.6%	11.8%	18.9%
不满意	0.8%	0.0%	0.2%	0.6%	0.4%	0.4%
非常不满意	0.2%	0.0%	0.2%	0.2%	0.0%	0.1%

图 4-1　学生调查分析

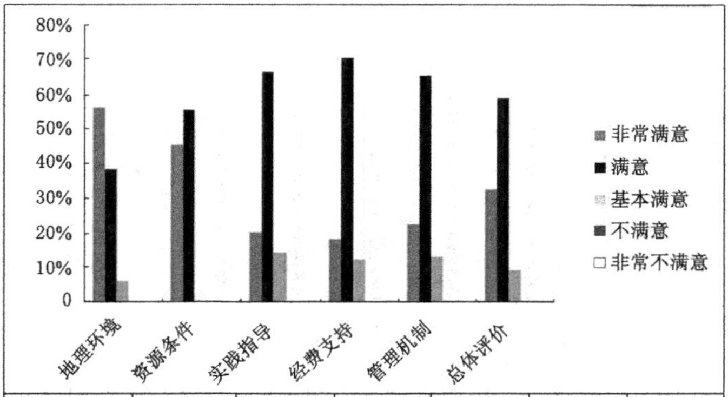

内容	地理环境	资源条件	实践指导	经费支持	管理机制	总体评价
非常满意	56.0%	45.0%	20.0%	18.0%	22.0%	32.2%
满意	38.0%	55.0%	66.0%	70.0%	65.0%	58.8%
基本满意	6.0%	0.0%	14.0%	12.0%	13.0%	9.0%
不满意	0.0%	0.0%	0.0%	0.0%	0.0%	0.0%
非常不满意	0.0%	0.0%	0.0%	0.0%	0.0%	0.0%

图 4-2　企业调查分析

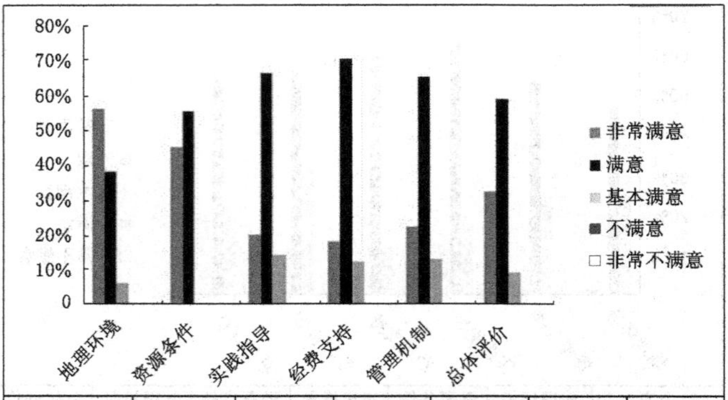

内容	地理环境	资源条件	实践指导	经费支持	管理机制	总体评价
非常满意	56.0%	45.0%	20.0%	18.0%	22.0%	32.2%
满意	38.0%	55.0%	66.0%	70.0%	65.0%	58.8%
基本满意	6.0%	0.0%	14.0%	12.0%	13.0%	9.0%
不满意	0.0%	0.0%	0.0%	0.0%	0.0%	0.0%
非常不满意	0.0%	0.0%	0.0%	0.0%	0.0%	0.0%

图 4-3　院系调查分析

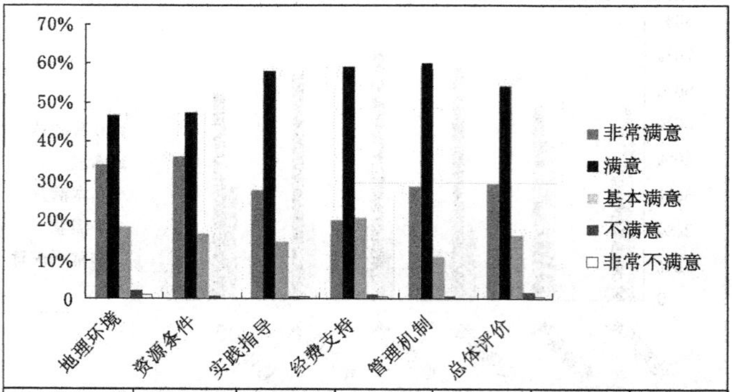

内容	地理环境	资源条件	实践指导	经费支持	管理机制	总体评价
非常满意	33.9%	35.9%	27.6%	19.9%	28.7%	29.2%
满意	46.6%	47.3%	57.6%	58.8%	60.2%	54.1%
基本满意	18.4%	16.6%	14.6%	20.7%	10.9%	16.2%
不满意	0.7%	0.2%	0.1%	0.5%	0.2%	0.4%
非常不满意	0.4%	0.0%	0.1%	0.1%	0.0%	0.1%

图 4-4　总体调查分析

第 5 章　沿海综合实践教育基地实践项目设计与实施

5.1　项目管理理论与方法

5.1.1　项目及项目管理

在项目管理知识体系中，项目被定义为：为创造独特的产品、服务或结果而进行的一次性努力。这就是说，项目是一次性、多任务的工作，具有非常明确规定的开始和结束日期、具有特定的工作范围、预算要达到特定性能水平。此定义包含三层含义：

① 项目是一个需要完成的任务，有特定的环境和要求。

② 在一定的组织机构里，利用人力、物力、财力等有限资源，在一定的期限内完成任务。

③ 任务要满足一定性能、质量、数量、技术指标等需要。

根据项目的定义可以看出，项目可以是建造一座大桥、一座工厂或一条公路，也可以是解决某个科研课题、举办各种类型的活动等。这些都是一次性的，都要求在一定的时间内完成，不得超过一定的费用，并有一定的性能标准等。所以有人说项目是建立一个新企业、新工程，或规划实施一项新活动、新系统的总称。

对于项目管理的定义，其中国际性代表组织下过如下几种：

① 美国的项目管理协会对项目管理所给予的定义为：项目管

理是运用各种知识、技能、方法与工具，为达到或超过项目有关各方面对项目的要求与期望所进行的管理活动。

② 中国项目管理委员会对项目管理所给予的定义为：项目管理就是以项目为对象的系统管理方法。通过一个专门的组织，对项目进行较高效率的计划、组织、指导和控制，以便实现项目全过程的动态管理和项目目标的综合协调与优化。

③ 国际标准化组织在 ISO10006 国际标准中对项目管理所给予的定义为：项目管理包括，在一个连续的管理过程中为达到项目目标，对项目所有方面所进行的规划、组织、监测和控制。

项目管理：一般认为，就是使用各种知识、技能、方法与工具，为达到或超过项目有关方面对项目的要求与期望所进行的各种管理活动。项目管理的基本手段是运用各种知识、技能、方法与工具去进行各种各样的管理活动，为实现使项目能够最大限度地达到或超过项目所有相关利益的要求和期望。

一般来说，用作项目管理的一般是指技术要求上比较复杂、工作量比较繁重、不确定性原因较多的任务或项目。项目管理是按任务组织起来的。项目管理的主要任务一般包括项目计划、组织、质量管理、资金控制、进度控制这五项。一般的项目管理活动通常是以这五项基本任务开展的。项目管理自产生以来发展很快，当前已发展为三维管理：

时间维，即把整个项目的时间周期划分为若干个阶段，从而进行阶段管理。

知识维，即针对项目时间周期的各个不同阶段，采用不同的管理技术方法。

保障维，即对项目人、财、物、技术、信息等的后勤保障管理。

5.1.2 项目管理相关理论体系

(1) 项目管理理论的一般框架

目前全世界影响最大的项目管理组织主要有两个：美国项目管理协会和国际项目管理协会。

① 美国项目管理协会，成立于 1969 年，是国际上最大的项目管理专业组织，编撰出版的《项目管理知识体系指南》构架了一个完整的项目管理理论框架。

② 国际项目管理协会，创建于 1965 年，是在瑞士注册的非营利性的国际项目管理专业组织。

③ 项目管理知识体系对项目所给予的正式定义为“为创造独特的产品、服务或结果而进行的一次性努力”；对项目管理的定义为“把知识、技能、工具和技术应用于项目各工作中，以达到或超过项目相关人的需求和期望”。在这个知识体系框架中，把项目管理划分为 9 个知识领域，包括：范围管理，时间管理，成本管理，质量管理，人力资源管理，沟通管理，采购管理，风险管理和项目集成管理。

项目管理知识体系一般分为 5 个过程组，如图 5-1 所示。

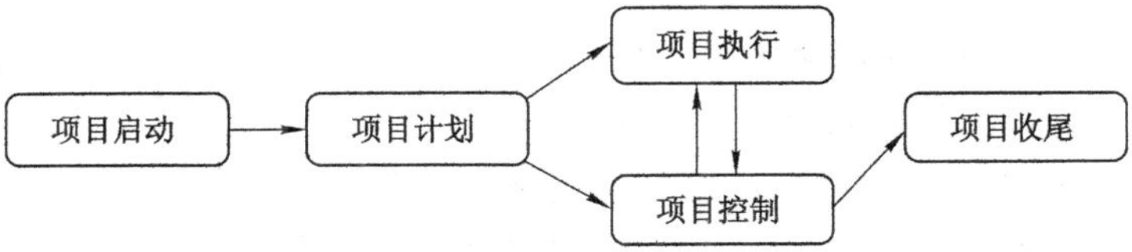

图 5-1　项目管理五个过程

① 启动过程：批准一个项目或阶段。

② 计划过程：选定和改进目标，从各个预选的方案中选择最佳的方案，以实现所担当项目所要达到的目的。

③ 执行过程：协调人员和所有资源以执行计划。

④ 控制过程：通过定期监控和度量进展，确定与计划存在的偏差，以便在必要的时候采取纠正措施，从而力保项目目标的

实现。

⑤ 收尾过程:项目或阶段的正式接收并以预想的结果有序地结束。

(2) 项目卓越模型

项目卓越模型是一个可修改的、开放的模型,对项目管理质量的卓越进行了清晰的定义。

项目卓越模型是以全面质量管理的概念、内容、经验等为基础,结合现代项目管理理论与方法,对项目质量建立的评价模型。项目卓越模型分为两个较大模块:

① 项目管理模块:判断项目管理过程是否达到卓越程度。

② 项目成果模块:判断项目管理成果是否达到卓越程度。

项目管理模块主要包括以下几项:

① 项目目标:评价项目是如何形成、发展、检验和实现项目目标。

② 领导力:管理人员如何在项目中起到激励、支持和促进作用。

③ 人员:如何使项目团队成员积极参加到项目中来,如何挖掘和发挥项目团队成员的潜能。

④ 资源:怎样充分、有效利用现有资源。

⑤ 流程:项目的重要过程是如何确定、检查和变更的。

在项目成果模块中,主要包括以下几个方面:

① 客户成果:着重关注基于客户的期望值和满意度而取得的项目成果。

② 人员成果:项目团队成员的期望值和满意度。

③ 其他参与方成果:指其他参与方的期望值和满意度。

④ 关键绩效和项目成果:主要指项目所取得的成果,包含预期项目成果和额外成果。

项目管理和项目成果之间是相辅相成的,不是两个相互独立的部分，它们之间存在着必然的因果关系。

5.2　沿海综合实践教育基地项目设计

5.2.1　测绘工程实践教育基地项目建设方案

（1）建设内容

① 建设校企共享的沿海地壳形变监测的大地测量实践教学基地。

② 沿海大地形变测量实践教学实习，包括测绘工程专业每年 80 名学生的 GPS 测量和沿海地表沉降测量。

③ 近海道测量实践教学实习，包括测绘工程专业每年 80 名学生对海洋水体和水下地形进行测量和调查的工作。

④ 港建工产学结合及毕业实践教学顶岗实习，包括测绘工程专业每年 3～5 人参与连云港工程建设测绘项目任务的产学结合与毕业实习实践教学工作。

（2）建设计划

具体建设进程如表 5-1 所示。

表 5-1　具体建设进程表

时间	内容
2014 年 2 月～2014 年 4 月	港建工测绘项目毕业实习
2014 年 3 月～2014 年 6 月	建设沿海地壳形变监测实践教育基地
2014 年 6 月～2014 年 7 月	沿海大地测量实习
2014 年 6 月～2014 年 7 月	近海道测量实践教学实习
2014 年 9 月～2014 年 10 月	港建工测绘项目产学研实习
2014 年 11 月～2014 年 12 月	沿海 GPS 实习
2015 年 2 月～2015 年 4 月	港建工测绘项目毕业实习
2015 年 3 月～2015 年 6 月	建设沿海地壳形变监测实践教育基地

续表 5-1

时间	内容
2015 年 6 月～2015 年 7 月	沿海大地测量实习
2015 年 6 月～2015 年 7 月	近海道测量实践教学实习
2015 年 9 月～2015 年 10 月	港建工测绘项目产学研实习
2015 年 11 月～2015 年 12 月	沿海 GPS 实习

(3) 建设成果

① 沿海地壳形变监测大地测量实践教学基地。

② 校企共同培养测绘工程专业实践教学方案与教学体系。

③ 校企共同培养测绘工程专业实践教学文献与资料。

5.2.2 计算机科学与技术实践教育基地项目建设方案

(1) 建设内容

本项目主要针对计算机工程学院计算机科学与技术专业(嵌入式方向)本科学生的生产实习、毕业实习和设计实践环节。其中,生产实习一个学年内参与实践的学生人数在 40 人左右,毕业实习与设计一个学年内参与实践的学生人数在 10 人左右。实践时间安排在大学第 6 学期的第 18～20 周、第 7 学期的第 15～20 周和第 8 学期的第 1～11 周。

学生在实习期间,全程参与连云港港口集团信息公司实际的嵌入式系统项目开发和管理,包括需求调研、需求分析、系统设计、程序编制、系统测试、部署与维护。

(2) 建设计划

① 生产实习(计算机科学与技术专业)计划。在第 6 学期的第 17 周周末,学生在完成该学期的课程学习并结束考试后,由学校和港口集团组织学生到港口集团进行实习。其中包括参观集装箱港口、信息中心等集中环节。集中环节结束后,由港口集团派出

指导教师指导学生进行嵌入式系统应用方向的实习，具体操作时，根据港口具体应用可按港口靠泊系统方向、港口集装箱堆场调度方向、港口环境检测方向、港口岸电系统项目等不同方向对学生进行划分，以达到人员分流的目的。在第 20 周，由港口集团指导教师结合任务要求，并根据学生的具体实习情况给出学生的实习成绩。

② 毕业实习与设计计划。在第 7 学期的第 15 周学生结束校内理论课程学习后直接进入实习基地。在学生进入实习基地的一个月内，实习基地向计算机工程学院提供“毕业论文选题和指导教师一览表”和“选题申报表”。选题要求参照计算机工程学院本科生毕业设计有关规定，由计算机工程学院实践指导小组审定通过。

在第 7 学期的第 18～20 周学生根据各自选题，在企业导师的指导下完成“开题报告”。企业导师应对报告的工作内容和技术方案进行指导，校内导师应对理论问题和撰写规范进行指导。经过双导师同意开题后，才允许学生参加学院召开的开题报告会。

在第 8 学期的第 1～2 周，学生在实习基地针对前面选题做需求分析、整体设计工作，并填写“中期检查报告”。学院组织中期检查报告会和观看现场演示，检查学生的毕业实习和毕业设计的进展情况及其进一步工作计划。“中期检查报告”需要双导师签字验收。

在第 8 学期的第 3～10 周，学生在企业导师的指导下进行相关毕业设计具体工作。

在第 8 学期的第 11 周实习成果鉴定。学生在离开实习基地前，由企业导师给出学生的实习工作成果鉴定意见，并按照优秀/良好/中等/及格/不及格的档次给出实习成绩。工作成果鉴定应包括工作态度、工作能力和工作结果等内容。工作结果需要以企业应用证明、项目鉴定报告等形式提供佐证材料。

在第 8 学期的第 12～16 周，学生返校，在校内导师的指导下进行毕业设计的论文撰写和毕业答辩的工作。

（3）建设成果

① 依托省级卓越工程师计划，加强与行业、企业之间的合作，为学生工程实训提供稳定的校外实践教学基地，打造综合实力较强的校企联合培养平台，完善面向港口集团的相关岗位职责及能力需求的卓越工程师人才培养方案。

② 探索与港口集团相关部门一道，建成一支年龄结构、学历学缘结构和职称结构合理、专业素质优良的教学团队，重点打造面向实际工程的嵌入式系统应用与开发教学团队，构建创新型双师型教师培养机制。

③ 与港口集团合作，优化课程体系，面向专业岗位和专业工程师岗位的知识、能力与素质结构要求，以应用能力培养为核心，以“知识—能力—素质”为主线，修订、完善现有专业课程教学体系，包括理论教学体系、实践教学体系、素质教学体系，设立标志性课程；会同港口集团，开发基于连云港信息化建设的与嵌入式系统相关案例库1～2 套。

④ 指导学生，高质量地完成上述计划中的几个批次的生产实习和毕业实习设计工作。

5.2.3 机械设计制造实践教育基地项目建设方案

（1）建设内容

每年安排机械专业（包括机械设计制造及其自动化、过程装备与控制工程、机械电子工程、工业工程专业）学生去东联港务分公司进行专业认识实习。准备每年安排 10 个班（约 400 人）学生参加实习。根据培养方案，时间安排在大学二年级下学期。项目执行期为 2 年。

（2）建设计划

① 2014 年 1 月～2014 年 6 月，与东联港务分公司进行接洽，

商讨专业认识实习前期准备工作。

② 2014 年 7 月～2014 年 12 月，择期安排机械专业 2012 级学生的认识实习。

③ 2015 年 1 月～2015 年 6 月，总结上年度实习工作的经验，进行机械专业 2013 级学生的实习准备工作。

④ 2015 年 7 月～2015 年 12 月，择期安排机械专业 2013 级学生的认识实习。

(3) 建设成果

通过 2 年的实践教育基地建设，形成以下建设成果：

① 增强了学生专业知识面。专业认识实习的目的是为了帮助学生加强对所学知识的感性认识。通过进行有针对性的参观、学习，提高学生对本专业的了解。同时，认识实习对学生了解社会、接触生产实际、培养动手能力和理论与实践相结合的能力等方面亦具有重要的作用。

② 建立了稳定的专业指导教师队伍。高校教师利用实习机会深入实践基地，与技术人员接触交流，积累更多的生产实践经验。此外，从实践基地聘请的具有丰富实践经验的指导教师也能够加强与校内指导教师的交流，有助于建立一支校内外结合、素质优良、相对稳定的实习指导教师队伍。

③ 建立稳定的教学实践基地。实践教育基地建设是实践教学的前提，根据机械专业结构的实际需要，逐步建立和完善实践教育基地结构，形成稳定的校外实习基地。

5.2.4　地理信息系统实践教育基地项目建设方案

(1) 建设内容

① 建设校企共享的港口集团摄影测量与遥感实践教学基地，为在校的测绘工程和地理信息科学等专业每年 110 人次提供实践平台。

② 沿海港口等相应测区范围的外业像控点布测实践教学实习。

③ 沿海港口等相应测区范围的外业调绘实践教学实习。

④ 沿海港口等相应测区范围的内业数据生产处理教学实习。

⑤ 港建产学结合及毕业实践教学顶岗实习，包括测绘工程、地理信息系统等专业每年3～5人毕业实习实践教学工作。

（2）建设计划

具体建设进程如表5-2所示。

表5-2　　具体建设内容及进程表

时间	内容
2014年4月～2014年5月	沟通，像控点布测
2014年6月～2014年7月	无人机航拍
2014年9月～2014年10月	外业调绘
2014年11月～2015年5月	内业数据处理以及生产
2015年6月～2015年7月	内业数据编辑成图
2015年8月～2015年9月	数据整理

（3）建设成果

① 沿海港口航测实践教学基地。

② 校企共同培养测绘工程和地理信息系统专业实践教学方案与教学体系。

③ 校企共同培养测绘工程和地理信息系统专业实践教学文献与资料。

5.2.5　软件工程实践教育基地项目建设方案

（1）建设内容

本项目主要针对计算机工程学院软件工程专业本科学生的毕业设计实践环节，一个学年内参与实践的学生人数在10人左右。

实践时间安排在大学第7学期的第12～20周,第8学期的第1～12周。

学生在实习期间,全程参与连云港电子口岸公司实际的软件产品开发和项目管理过程,包括需求调研、需求分析、系统设计、程序编制、系统测试、系统安装和质量管理等工作。

鼓励学生结合实习工作撰写并发表高质量的研究论文。论文选题可从技术攻关,技术改造和技术推广与应用,新的软件产品和新信息设备的研制与开发,以及应用基础性研究等几个方面选取。论文应具有一定的技术难度、理论深度和先进性。

(2) 建设计划

① 在第7学期的第12周学生结束校内理论课程学习后直接进入实习基地,在学生进入实习基地的一个月内,实习基地向计算机工程学院提供“毕业论文选题和指导教师一览表”和“选题申报表”。选题要求参照计算机工程学院本科生毕业设计有关规定,由计算机工程学院实践指导小组审定通过。

② 在第7学期的第18～20周学生根据各自选题,在企业导师的指导下完成“开题报告”。企业导师应对报告的工作内容和技术方案进行指导,校内导师应对理论问题和撰写规范进行指导。经过双导师同意开题后,才允许学生参加学院召开的开题报告会。学院召开开题报告会,由学生汇报开题工作,以确定其选题的可行性。如果开题报告获得通过,则可进入后续的毕业设计阶段;如果开题报告未获通过,则修改开题报告,待开题报告获得通过后方可进入后续毕业设计工作。

③ 在第8学期的第1～3周,学生在实习基地针对前面选题做需求分析、整体设计工作,并填写“中期检查报告”。学院组织中期检查报告会和观看现场演示,检查学生的毕业实习和毕业设计的进展情况及其进一步工作计划。“中期检查报告”需要双导师签字验收。

④ 在第8学期的第4～12周，学生在企业导师的指导下进行相关软件代码编写工作，并完成系统测试和集成。

⑤ 在第8学期的第13周实习成果鉴定。学生在离开实习基地前，由企业导师给出学生的实习工作成果鉴定意见，并按照A/B/C/D的档次给出实习成绩。工作成果鉴定应包括工作态度、工作能力和工作结果等内容。工作结果需要以企业应用证明、项目鉴定报告、获奖成果证书等形式提供佐证材料。

⑥ 在第8学期的第13～16周，学生返校，在校内导师的指导下进行毕业设计的论文撰写和毕业答辩的工作。

(3) 建设成果

① 基于校企合作双导师制的实践教学人才培养方案体系。

② 连云港电子口岸信息化建设软件平台2～4套。

③ 基于连云港电子口岸信息化建设的软件工程案例库2～4套。

④ 构建创新性双师型教师培养机制。

5.2.6 港口航道与海岸工程实践教育基地项目建设方案

(1) 建设内容

参照河海大学港航专业实习环节开展的方式并结合淮海工学院应用型人才培养的办学特点和连云港区域行业特色，建设国家级实践教学基地。建设内容主要有：

① 构建港航专业人才培养方案和实践教学体系；

② 建设港航专业实践教学内容；

③ 开发和建设实践教材与实践教学案例库；

④ 对校企双方的实践指导教师进行必要的培训；

⑤ 建设和完善实践教学基地的基本条件。

实践教学基地须能完成培养港航专业应用型人才的需要。拟组织学生到港口集团的工程现场进行实地观摩；邀请相关技术人员和专家开展学术报告；安排学生到港口集团相关单位的工程现场进行为期一个月的生产实习。

（2）建设计划

为了实现应用型人才培养的办学定位，学校港航专业的培养方案经过多次修改后，现有三类实习：大一第二学期的“专业教育认知”、大三暑假的“港口航道与海岸工程生产实习”、大四第二学期的“毕业实习”。三类实习均与此次实践教学基地建设密切相关。因此实践教学基地的五个建设内容在具体实施中，港航专业拟从三类实习的开展为出发点。

① 专业教育认知实践。基地两年建设期内，港口 131 和港口 141 级学生（每个班级 40 人左右）的专业认识实习拟在连云港港港口选择典型的港口航道海岸建筑物体进行观察与分析，为期 1 天。其目的是使学生对各种专业建筑物产生初步的感性认识，进一步巩固课堂理论知识，为后续专业课的学习打下良好的基础。

② 港口航道与海岸工程生产实习。基地两年建设期内，港口 111 和港口 121 级学生（每个班级 40 人左右）的生产实习每年安排 40 名学生去港口集团下属单位如港务工程、港口设计院等相关单位进行操作性专业技能的训练，为期 28 天。给学生分别安排校内和企业指导老师，企业指导老师负责学生的操作性专业技能训练，校内指导老师负责检查及专业知识补充，并拍摄相关关键技术施工录像。两个年级的生产实习开展中拟在相关单位建立校外实践教学基地，便于校内指导老师对生产实习的检查和协调。

③ 毕业实习。基地两年建设期内，港口 101 级和港口 111 级学生（每个班级 40 人左右）的毕业实习每年安排 40 名学生去港口集团的港航工程现场，听取所请专家做报告和到工程现场进行实地观摩，为期 5 天。报告内容如港口的规划及布置、港口工程的设

计及施工、航道疏浚、软基处理等实际工程知识，工程现场如连云港徐圩港区、庙岭港区、墟沟港区等，系统认识从设计到施工各个环节的工程知识，为即将开展的毕业设计打下良好的基础，严格保证学生能够切身获取工程实践知识和工作后尽快适应工作环境的能力。

综上所述，基地两年建设期内，每年学生集中实习的时间 6 天(1 天＋5 天)；分散实习的天数 28 天。其中集中实习环节均为现场观摩与技术讲座学习；分散实习为企业指导老师指导技能，校内指导老师负责检查与专业知识补充。其具体建设内容及进程见表 5-3。

(3) 建设成果

通过两年的基地建设将形成如下成果：

① 适合应用型港航专业人才培养需要的实践教学体系；

② 完成培养方案中的三大实习课程；

③ 大大提高了港航专业师生的专业技能；

④ 开发和建设了港航专业实践教材与实践教学案例库；

⑤ 加强了学校与企业间的联系；

⑥ 拥有校外实习基地的办公场所。

表 5-3　　具体建设进程表

时间	内容
2014 年 1 月～2014 年 3 月	人才培养方案和实践教学体系的构建 实习基地建设小组的组建 河海大学、东南大学和江苏科技大学港航专业实习形式调研 与企业共同协商学生实习的方案(目前与企业初步商定了港口 101 班级集中实习环节的方案) 切实制定基地建设两年期内的具体实习方案

续表 5-3

时间	内容
2014 年 4 月	1. 实践教学项目——港口 101 学生的 5 天毕业实习 毕业实习指导教师的选派和实习思想动员 内容暂定如下：连云港港总体规划报告、参观庙岭港区和西大堤、连云港港航道疏浚报告、连云港港码头及防波堤设计与施工报告、参观墟沟港区、连云港港装卸工艺报告、参观徐圩港区、连云港港装卸工艺报告、连云港港软基处理报告 2. 实践教材开发、实践教学案例库建设 拍摄施工现场关键技术，收集施工报告 资料汇总与整理
2014 年 4 月～2014 年 6 月	组织双方的实践指导教师进行必要的培训 整理收集的资料 双方协调下一个阶段的实习环节
2014 年 7 月	1. 实践教学项目——港口 131 学生的 1 天认识实习 从学校出发去海边参观港口工程和海岸工程 邀请企业技术人员讲解专业技术 2. 实践教材开发、实践教学案例库建设 进一步完善实践案例收集，并进行整理和整合
2014 年 7 月～2014 年 8 月	1. 实践教学项目——港口 111 学生 28 天生产实习 校外指导老师和校内指导老师的确定 校内外指导老师的实习培训 40 名学生进驻工地进行生产实习 2. 实践教学基地基本条件建设——港航专业实践教学基地 与企业协商初步建立校外实践教学基地 购买或租赁必需的办公用品 3. 实践教材开发、实践教学案例库建设 拍摄施工现场关键技术，收集施工报告

续表 5-3

时间	内容
2014 年 8 月～2015 年 2 月	组织双方的实践指导教师进行必要的培训 整理收集的资料 双方协调下一个阶段的实习环节 进一步完善港航专业校外实践教学基地
2015 年 3 月	1. 实践教学项目——港口 111 学生的 5 天毕业实习 2. 进一步丰富实践教材、充实实践教学案例库
2015 年 3 月～2015 年 6 月	实习总结 资料整合与编写
2015 年 6 月	1. 实践教学项目——港口 131 学生的 1 天认识实习 2. 进一步丰富实践教材、充实实践教学案例库 3. 进一步完善港航专业实践教学基地
2015 年 7 月～2015 年 8 月	1. 实践教学项目——港口 111 学生 28 天生产实习 2. 进一步丰富实践教材、充实实践教学案例库 3. 进一步完善港航专业实践教学基地
2015 年 8 月～2015 年 12 月	完成校外专业实践教学基地 编制教材或教案、形成施工教学视频 完成国家级大学生实践教学基地建设

5.2.7 电气工程及其自动化实践教育基地项目建设方案

(1) 建设内容

近年来,各用人单位对大学毕业生的普遍评价是:学有所长、知识面窄、实践能力差。这说明高校对学生的培养目标和模式需加以改变。随着科学技术的发展,电气工程与自动化领域所涉及的技术领域也发生了深刻的变化。信息技术、电力电子技术、计算机技术及自动控制等技术在电气工程领域中得到了广泛的应用,使电气设备和电力系统向数字化、信息化方向发展。另外，如何把通识教育与专业教育有机结合，实施宽口径的专业教育，兼顾电气工程科学教育与电气工程实践训练，不但使学生具有厚实的电气学科基础知识，又能培养学生的电气工程意识，培养出能够完全适应社会发展需求的电气工程及自动专业人才，是目前面临的严峻的任务。

学校与连云港港口集团共建综合实践教育基地是全面提升学生的综合能力、培养具有创新精神和实践能力的重要途径，它可以使学生更深入接触工程实际，增强工程意识，提高综合实践能力。借助于连云港港口的各种现代化设备，与港口集团精诚合作，建立学院的电气工程及其自动化校外实践教育基地，为学院学生就地就近开展电气工程方面的实验和实训提供便利，与企业走“产、学、研”合作教育之路。

① 将电气工程的最新技术及时在实践教学中反映出来。按照港口集团的设备与运行情况，在编写实践教学计划、大纲和实践教材时，针对现场实际情况，把技术指导的先进性和实用性放在首位。详细阐述学生应该掌握的知识要点、实习目的、方法、作业和能力培养要求等，规定学生必须具备的实践能力，明确规定实践教学环节的目标、任务，并按照实践项目分层次地规定出实践教学内容、形式、操作程序、要求及考核办法等。

② 将培养工程能力集中体现在实践教学体系与模式上。与港口集团合作，制定一套较完善的实践教学的规章制度。改变传统的以参观为依据的考核方法，逐步实行在实习单位以顶岗实习模式，解决疑难问题和处理故障的能力，完成实际操作能力及综合运用知识的能力等项目为依据的全面综合的考核方式。

③ 构建实践能力培养平台。与合作企业探索订单式人才培养方案，建立长期稳定的合作关系，提升学生的真实环境下实践工作能力，为企业培养急需人才；集团免费为学生提供生产实训、顶

岗实习场所。校、企优势互补，完成学校教学实训设备的开发更新，以及企业专业技术创新。利用学校雄厚的师资力量为企业做新设备研发与改造。

④ 依托实践教学基地，促进项目开发与成果转化。电气工程及其自动化专业将发挥高水平教师团队技术开发创新优势，校企合作承接横向、纵向科研项目，实现校企和谐互动，共享资源多赢。其一，选派科技特派员担当供电工程公司技术顾问，承担或参与技术攻关项目，解决港口生产、应用、研究等方面难题，促进创新成果的有效转化，为供电工程公司和地方经济服务。其二，与供电工程公司联合申报国家、省、市级的高层次的研发项目，以智能电网、网络与通讯、新型港口电气设备的技术开发与应用为切入点，通过校企合作实现技术创新和成果转化应用。

(2) 建设计划

树立先进教学理念和实践教学观念，实施"校内实验教学示范中心＋校外实践教学基地"的校企共同负责的实践教学模式。校企联合制定人才培养方案，并具体以"中心＋基地"的形式实施与管理。依据"卓越工程师计划"培养标准，遵循集成与创新特征，以强化实践能力、设计能力与创新能力为核心，重构实践教学课程体系和教学内容。

重构实践教学体系、内容和方法，重点加强基地实践教学课程建设。不断调整和更新实践基地实践课程教学内容，积极探索"教、学、做一体化"的教学改革。力争在现有的基础上，运用基于工作过程系统化的方法，新开发20门实践教学课程。

① 电力系统及其综合自动化。电气一次部分，包括电气二次部分、监控设备。

② 智能用电信息系统。包括电能量数据：总电能示值、各费率电能示值、总电能量等；工况数据（终端信息）：采集终端及计量设备的工况信息；事件记录数据：终端记录的事件记录数据。

③ 供配电技术。

(3) 建设成果

通过和连云港港口集团供电公司的合作建立一个电力系统教学实训基地。基地整体要求有 110 kV、35 kV 及 10 kV 变电所主接线模拟图、重要负荷的控制模拟图、各级开关室的平面布置图等，形象直观，配有变压器及输电线路微机保护装置、高压电动机微机保护装置、备用电源自动投入装置、无功补偿装置、异步电动机变频器、智能电量监测仪、有功电度表、无功电度表、断路器等工业现场广泛使用的器件，功能强大，涵盖面广，能逼真模拟工业现场实际的电气投切操作、倒闸操作及各种运行方式的调控操作，提供一个良好的实验实践平台。实训基地综合智能测量、微机保护等微机智能检测控制的相关技术，构建成集控制、保护、测量和信号为一体的综合自动化实验平台，体现了当前自动化技术给供配电领域带来的深刻变革。

实践教育基地适用于电力系统综合自动化、企业供电与继电保护、高级电工技术、检测技术、计算机控制技术、电工技师培训等多门专业课程的实践教学内容。实训基地的具体内容主要包括 100 平方米的实训室，把连云港港务局供电公司的所有的供电系统的演示模型、电力系统的各种基本设备在实训室中摆放展示，演示模型委托专业厂家制作，电力设备基本由供电公司提供，把实训室做成能够容纳 100 人左右的讲课教室，配置成多媒体教室包括桌椅板凳、投影仪、电脑等。

5.2.8　工商管理实践教育基地项目建设方案

(1) 建设内容

依托连云港港口集团有限公司，遵循本科实践教育规律，建设真实企业环境的大学生实践教学基地。

① 校企联合，建立“1+1”人才培养基地。一是校企共同制定

人才培养方案。聘请连云港港口集团有限公司企业家、高级管理人员担任专业指导委员会委员，定期开展活动，论证人才培养方案，修订专业人才培养计划。二是校企共建在职人员的继续教育基地。一则建立与完善企业在职培训管理机制，使之成为连云港港口集团有限公司在职培训基地；二则推行教师下企业“百日计划”，培养“双师型”教师。

② 校企联合，建立“1＋1”教学基地。对工商管理专业实践性较强的课程，一则共同建设专业教学团队。理论教学由校内教师授课，实践技能则聘请企业师资，由企业师资负责讲授，校企两位教师共同配合，有效解决学生“上手快、后劲不足”的问题。二则开设学生第二课堂，即对于工商管理专业的“现场管理”“物流管理”“质量管理”“人力资源管理”等相关课程，让企业师资直接将学生带到港口集团下属企业进行现场授课。

③ 校企联合，建立“1＋1”实习基地。聘请连云港港口集团有限公司企业家、管理人员为工商管理专业企业实践导师，共同修订实践教学大纲，以生产实习、毕业实习与设计与港口集团的对接为切入点，以港口集团为主要依托，对实习项目进行优化设计，做到实习过程监控、内容充实、集点发力、师资互动、成果共享，最终实现丰富实习形式、完善实习材料、充实实习师资、加强过程监控、提高实习效果的目标。与此同时，学生毕业设计（论文）也将紧密结合港口集团发展需要，有针对性地开展实战研究，真正能解决企业遇到的实际问题。

④ 校企联合，建立“1＋1”科研基地。A. 横向课题研究。通过校企互动，将港口集团下属企业经营发展中遇到的问题作为校企共同研究的课题，由港口集团有限公司立项，校企合作开展研究，帮助企业解决管理流程中存在的实际问题。B. 社会服务。一是以工商管理专业现有的企业管理模拟实验为抓手，把连云港港口集团有限公司的管理人才培养实践模式建成为在苏

北领先、国内一流的人才培养基地和教学研究基地，成为苏北地区乃至全国相关领域技术合作、学术交流和设备共享的科学研究平台。二是充分发挥工商管理专业建设的人力资源素质测评平台，为连云港港口集团有限公司管理人员综合素质的提升开展实时监测，了解现有管理人员的素质及优劣势，为人员配置及人才培养提供参考，为管理人员的职业生涯提供参考建议和指导。并根据企业变化和社会发展需要，动态建设一支实践水平高、学历结构合理、年龄结构优化的管理队伍。通过对连云港港口集团管理人才培养模式与基本方法的深入研究，取得一批具有重要理论意义与应用价值的研究成果。

⑤ 校企联合，建立“1＋1”就业基地。通过校企合作，建立与完善“校企联动，互促共赢”的开放式运行机制，学生“上手快、后劲足”的特征愈加明显，港口集团企业对学生的满意度将不断增加，对毕业生的需求也将持续稳定，学生的就业基地应运而生。

实践基地以实训、实习等为主要实践形式，具体实践教学项目如表 5-4 所示。

表 5-4　　实践教学项目表

实习项目	实践形式	实习内容	实践时间
认识实习	听报告、参观	了解港口集团概况；了解港口集团企业的管理措施和手段及企业管理科学化水平；了解分析管理方法在企业中的应用	1 周
专业实习	顶岗实习	将所学的专业知识与企业实践相结合，把所学知识条理化系统化，激发学生的实践与学习积极性，拓宽学生的知识面，为今后的学习和将从事的管理工作打好基础	3 周

续表 5-4

实习项目	实践形式	实习内容	实践时间
毕业实习	顶岗实习	在基本完成专业知识与专业技能培养的基础上，到港口集团企业的真实岗位进行顶岗实习，接触实务，巩固所学专业知识，培养综合技能与职业素质，为学生走向社会、实现零距离上岗做好准备	5 周
毕业设计	分析与研究	毕业设计是理论与实践相结合的重要方式，是提高学生专业理论水平、业务素质和动手能力的重要环节	13 周

(2) 建设计划

① 2013 年 12 月～2014 年 12 月：完成“校企全程共建共担”的人才培养方案的制定，明确校企双方职责。初步完成基于实践创新能力培养系统化的实践课程体系的构建；制定兼职教师管理制度；初步建立二级学院校企合作办学管委会和教学指导委员会，聘请教学指导委员会专家与企业实践指导导师；初步建立“全程共建共担”的校企合作运作和管理制度；完成实训平台的建设方案。

② 2014 年 12 月～2015 年 12 月：进一步完善人才培养方案。进一步完善实践课程体系；完善企业实践指导导师管理制度；完善“全程共建共担”的校企合作运作和管理制度；完善实训平台日常管理制度；完成实训平台的建设。推广工商管理专业大学生校外实践教学基地建设经验，在更大范围内推广“1＋1”教学改革模式。

(3) 建设成果

① 建立校企联合培养应用型人才新机制。通过国家级大学生校外实践教学基地的建设，有利于建立健全校外实践教学基地的组织管理体系。通过校企之间在认知层面、情感层面、业务层面上多次交流，校企之间可以建立比较密切的人际关系与业务联系，

通过校企深度融合，形成一套适合实践教学基础可持续发展的管理模式和运行机制，建立操作性强的校外实践教学的教学运行、学生管理、安全保障等规章制度和管理方法。

② 形成校外实践教学新模式。依照“上手快、后劲足”应用型人才的培养目标，校企联合制定实践教学体系，编制和完善实践教学教材、实践教学指导书等教学资源，共同开发相应综合实践教学案例库。与此同时，建成一套适合校外实践教学基地教学运行管理体系和考评体系。规范校外实践教学各环节运行评估，激发教师和学生的主观能动性和创造精神，形成实践教学质量监控体系。通过共建综合实践教学基地，联合培养人才，可以大大加强实践教学师资队伍建设。聘请企业专家来校教学和指导，以及学校教师到企业挂职锻炼，可以建成一支校企人员共同参与的责任心强，教学、科研能力过硬，完全胜任创新人才培养要求的“双师型”实践教学指导队伍。

③ 整合联合培养人才的校企资源。校外实践教学基地的建立，使校企资源得到有效整合共享。连云港港口集团作为大型企业集团的优势将得以充分发挥，国有大型企业在人才培养中的社会责任得以落实。利用企业设施齐全、装备一流、技术先进的资源条件，建成校外综合实践教学基地，为学生提供校外实践环节的教学，将为广大学生实践能力、创新能力、创业能力的培养提供良好平台。学生参加企业各类实践活动，也将增强学生就业竞争力。同时，实践教学基地可为周边地区高校和相关企事业单位相关人才培训提供有力支持，相关社会资源在实践基地的平台上得以有效整合并发挥作用。

④ 增强学生综合素质与竞争力。“1+1”人才培养模式的改革，使得学生不仅可以掌握课程的理论知识，而且能够从企业师资那里学到课程的应用方法，掌握应用技能。这样，学生能够提前认识未来的工作环境，提前认识社会对人才素质的要求，提前认识未来的

工作，能够有效改善学生的专业素质，使得学生朝着“上手快、后劲足”的目标逼近，从而提升在就业市场上的竞争优势，有效推动学生就业率的提高。

⑤ 发挥实践教学基地的示范与辐射作用。通过国家级大学生实践教学基地的建设，进一步加强校企产学研合作，引导高校教师、企业技术与管理人员联合开展针对企业生产运行的技术和管理问题组织攻关，联合申报和承担各类科研项目，加速科技成果转化，不断丰富实践教学素材，为人才培养和企业发展做出贡献。

5.2.9 土木工程实践教育基地项目建设方案

5.2.9.1 建设内容

(1) 施工组织设计和施工方案

这部分主要包括单位工程施工组织设计中关于工程概况、主要分部分项工程的施工方法、施工进度计划、施工现场平面布置部分。

① 工程概况：总说明（建设单位、工程性质、名称、开竣工日期）、拟建工程的建筑面积、平面组合情况、层数、层高、总高、平面尺寸；建筑（室内外装修构造及做法）、结构（基础类型、主体结构类型、柱梁板材料和尺寸、楼梯构造及形式）等概况。

② 建筑物定位放线方法及梁板标高控制、板的水平控制、梁起拱方法，柱垂直度控制等。

③ 钢筋工程：级别、类型、制作和施工方法、构建中排放位置及保护层厚度，梁柱节点钢筋位置，连接方法、连接点位置，检查要点（梁、板、柱、基础等）、钢筋下料长度计算等。

④ 模板工程：大型模板计算方法、模板支撑方法、施工方法、检查要点、拆除要求。

⑤ 混凝土工程：运输方法、浇注方法、施工方法、检查要点。

⑥ 砌筑工程：材料检查、砌筑工艺、质量检查等。

⑦ 施工进度计划。

⑧ 施工现场平面布置：主要机械位置、材料堆放及加工场区、施工现场道路、办公场所、生活区等布置。

(2) 图纸学习

① 阅读图纸顺序：施工说明—总平面—各层平面—屋面—各种立面—剖面—详图。

② 总平面：比例、总布局、建筑物位置关系、平面尺寸、层数、绝对标高、指北针、周边道路等。

③ 各层平面图：平面尺寸、内部布置及分隔、柱墙位置、门窗布置及编号、轴线、尺寸标注、标高(平面、卫生间)，楼梯画法、剖面图剖切位置表示方法，散水、雨棚、台阶表示方法及标注等。

④ 屋面平面图：排水分区、天沟位置、屋面坡度、落水管位置及数量、突出屋面(女儿墙、电梯机房、天窗、上人孔等)，屋面变形缝等。

⑤ 立面图：室外台阶、雨棚、散水等表示方法，勒角、阳台、门窗、挑檐、女儿墙、落水管等位置。外墙装修情况(包括材料、、颜色、规格)。各层标高、尺寸，有关部位详图索引，立面左右两端轴线。

⑥ 剖面图：剖切刀的所有构件(地面、墙体、梁、板)，各种构件相互关系，标高尺寸，轴线。重点是门窗上方应有梁。

⑦ 详图：楼梯详图(楼梯平面图、楼梯剖面图)。

⑧ 结构施工图：A. 基础图：基础平面布置图、基础详图；B. 主体结构施工图：楼层结构布置图(柱网布置及编号、构件平面位置、尺寸等)，框架编号、框架梁及次梁编号和尺寸、楼板厚度、配筋情况和标高；梁的纵向受力钢筋、箍筋以及箍筋加密区位置，梁的纵向受力钢筋断点位置；梁柱节点钢筋位置及钢筋的锚固长度、搭接长度、钢筋保护层等；主梁、次梁和板钢筋位置关系、负弯矩钢筋位置及间距；详图(钢筋位置和间距、尺寸、钢筋编号)；钢筋构造要

求。柱钢筋配置情况、箍筋，混凝土等级；楼梯踏步配筋、平台梁配筋、休息平台配筋及钢筋锚固长度等，每张结构图中的说明等。

实践时间：第六学期期末(4 周时间)；严格保证学生能够切身获取工程实践的知识和参加工作后尽快适应工作环境的能力。

5.2.9.2　建设计划

① 土木工程系和与新海岸房地产开发公司、港口集团建筑安装工程公司共同组建基地组织管理机构，由双方单位主要领导担任实践基地的负责人，商讨确定基地建设目标和建设内容。

② 土木工程学院与上述两企业签订合作协议，共同组建一支专业理论知识扎实、岗位实践经验丰富的实践教学基地师资队伍。选定基地建设联络地点、方式。建立健全实践教学基地的教学运行、学生管理、安全保障等规章制度。

③ 土木工程系与新海岸房地产开发公司、港口集团建筑安装工程公司所有指导教师一起组织会议，研讨人才培养方案、实习教学体系、实习教学项目、实践教学案例和指导教师培训等方面具体事宜；制定针对实践教学基地的实习大纲、实习计划、实习要求和实习安全管理制度等。

④ 组织学生到新海岸房地产开发公司、港口集团建筑安装工程公司下属现场工地进行生产实习；实习期间，土木系指导教师做好实践教学案例资料的收集。

⑤ 组织新海岸房地产开发公司、港口集团建筑安装工程公司的部分专家到淮海工学院进行专题讲座；组织土木系教师到企业进行培训。

⑥ 实习结束后，组织所有教师针对实习情况，再次研讨人才培养方案、实习教学体系、实习教学项目、实践教学案例和指导教师培训等方面；重新制定详细而周全的实习大纲、实习计划、实习要求和实习安全管理制度等。

⑦ 组织指导教师参加学术交流和培训，不断提高教师队伍的

实践教育教学能力和整体水平。

⑧ 联合开发编制实践教学教材，并以此构建实践教学内容，实施实践教学过程，促使整个实践教学过程高效有序，突出教学成果。

具体建设进程如表 5-5 所示。

5.2.9.3　建设成果

① 完成“土木工程系—新海岸房地产开发公司综合实践教学基地”、“土木工程系—港口集团建筑安装工程公司实践教学基地”两基地建设。

表 5-5　　具体建设进程表

时间	内容
2014 年 3 月	层级清晰，权责明确
2014 年 4 月	基地机构管理规范、实践教学管理规范
2014 年 5 月～2014 年 6 月	制定实习大纲、实习计划、实习要求和实习安全管理制度
2014 年 7 月～2014 年 9 月	完成教学案例
2014 年 9 月～2014 年 12 月	完善适合实习基地的实习大纲、实习计划、实习要求和实习安全管理制度
2015 年 1 月～2015 年 3 月	参观、学徒式实践、顶岗实践、管理培训实践
2015 年 4 月～2015 年 6 月	培养一支实践经验丰富、适合实习基地、“双师型”实习指导小组，辐射土木工程学院其他专业建设
2015 年 7 月～2015 年 10 月	完善教学案例
2015 年 11 月～2015 年 12 月	构建实践教学内容，实施实践教学过程，促使整个实践教学过程高效有序，突出教学成果

② 制定出适合实习基地的、详细周全的实习大纲、实习计划、实习要求和实习安全管理制度。

③ 培养一支实践经验丰富、适合实习基地、“双师型”实习指导小组。

④ 完成实践形式改革的试点工作。

⑤ 建成完善的、具有普遍指导意义的教学案例库。

5.2.10 通讯工程实践教育基地项目建设方案

(1) 建设内容

① 校企全程共建共担的人才培养模式构建。实施“校企全程共建共担”的人才培养模式,即校企共同制定人才培养方案、共同建设专业教学团队、共同建设实习实训基地、共同实施专业教学、共同开展教学质量评价、共同负责学生就业。

② 基地组织管理体系建设。在政府支持下,在淮海工学院组织领导下,电子工程学院通信工程系负责通信工程专业建设。由淮海工学院主导,与连云港港口集团通信信息工程公司合作,探索“校企联动,互促共赢”的开放式运行机制,创新人才培养模式。组建电子工程学院合作办学管理委员会,探索实施“校行企多方联动,校企全程共建共担”的人才培养模式。

③ 基地实践条件建设。为了保证在校外实践教学基地正常开展实习、顶岗实习、勤工俭学等实践活动,通信工程专业将依托连云港港口集团通信信息工程公司建设大学生校外实践教学基地。与港口集团通信公司共建园区实训平台,学生可以从事通信管道建设、网络规划、优化、通信设备维护、电信配套工程实施、通信工程勘测、通信工程概预算、计算机软件开发、网络工程、安防监控系统设计、建筑智能化等弱电工程设计与施工;有线电视维护等典型工作任务岗位,引入企业真实项目,进行工作过程系统化、项目驱动的实践课程改革,为企业培养零距离上岗

人才。教师可以通过实训平台完成实训、教学及科研需求，提升教师水平。公司可以通过实训平台的建设，培养及储备理想人才，确保企业竞争力。

⑤ 实践指导教师队伍建设。以通信信息工程公司实践教育基地建设为契机，多管齐下，建设“双师型”结构的优秀实践指导教师队伍。聘请企业的优秀管理者和技术人员作为专业教学指导委员会成员以及兼职教师，建设一支较为稳定的兼职教师队伍，并承担通信工程技术核心专业课。通过专任教师下企业、兼职教师教学培训，提升师资队伍整体水平。

⑥ 依托大学生实践教学基地，积极服务校外人员。向兄弟院校积极推广通信信息工程公司大学生校外实践教学基地，积极接收兄弟院校的师生在基地开展实践教学活动。

⑦ 依托大学生实践教学基地，促进项目开发与成果转化。通信工程专业将发挥高水平教师团队技术开发创新优势，校企合作承接横向、纵向科研项目，实现校企和谐互动，共享资源多赢。

A. 选派科技特派员、入选连云港市科技专家库或连云港市“521”工程的教师担当通信信息工程公司技术顾问，承担或参与技术攻关项目，解决企业生产、应用、研究等方面难题，促进创新成果的有效转化，为通信信息工程公司和地方经济服务。重点以市场需求量大、技术更新较快且学院具有较强技术优势的通信产品研发、通信技术应用、增值业务开发为突破口进行技术攻关。

B. 与通信信息工程公司联合申报高层次的研发项目，通过校企合作实现技术创新和成果转化应用。

实践基地将以实训、实习等为主要实践形式，具体实践教学项目如表5-6所示。

表 5-6　　　　实践教学项目表

实习项目	实习内容
毕业设计	毕业设计是理论与实践相结合的重要方式，是提高学生专业理论水平、业务素质和动手能力的重要环节
通信工程认知实习	使学生对通信系统、仪器仪表、操作规范等有初步认识
专业实习	有效地将理论知识与生产实践相结合，拓宽学生的知识面，增加感性认识，把所学知识条理化系统化，激发学生向实践学习和探索的积极性，为今后的学习和将从事的技术工作打下坚实的基础
顶岗实习	在完成专业认知、基本技能、专业技能培养后，进入顶岗实习的综合技能培养阶段，在企业真实岗位进行顶岗实习，培养学生的职业素质，为学生实现零距离上岗提供强有力保障
毕业实习	毕业实习是理论与实践相结合的重要方式，是提高学生政治思想水平、业务素质和动手能力的重要环节。学生通过实习走向社会，接触实务，巩固所学专业知识，进一步提高认识问题、分析问题、解决问题的能力，为今后走向社会，服务社会做好思想准备和业务准备

（2）建设计划

① 2012 年 12 月～2013 年 12 月。初步完成“校企全程共建共担”的人才培养方案的制定，明确校企双方责权利。初步完成基于实践创新能力培养系统化的实践课程体系的构建。制定兼职教师管理制度；聘请 2～3 名兼职教师。初步建立二级学院校企合作办学管委会和教学指导委员会。初步建立“全程共建共担”的校企合作运作和管理制度。完成园区实训平台的建设方案。

② 2013 年 12 月～2014 年 12 月。进一步完善人才培养方案。进一步完善实践课程体系。完善兼职教师管理制度；新聘请

1 名兼职教师。完善“全程共建共担”的校企合作运作和管理制度。完善实训平台日常管理制度;完成园区实训平台的建设。推广通信信息工程公司大学生校外实践教学基地。

(3) 建设成果

① 形成校企联合培养“上手快、后劲足”的应用型人才培养新机制。通过国家级大学生校外实践教学基地的建设,有利于建立健全校外实践教学基地的组织管理体系。通过校企深度融合,形成一套适合实践教学基础可持续发展的管理模式和运行机制,建立操作性强的校外实践教学的教学运行、学生管理、安全保障等规章制度和管理方法。

② 形成校外实践教学基地的实践教学新模式。根据行业的发展和企业实际情况,研究和创建有利于“上手快、后劲足”应用型人才培养目标的实践教学体系和培养方案,建成适应创新人才培养的实践教学课程体系,开发相应综合实践教学案例库,编制和完善实践教学教材、实践教学指导书等教学资源,

③ 创新实践教学评估体系。建成一套适合校外实践教学基地教学运行管理体系和考评体系。规范校外实践教学各环节运行评估,激发教师和学生的主观能动性和创造精神,形成实践教学质量监控体系。

基地适用于“专业实习”“毕业实习”“电子实习”等实践教学环节,对“程控交换技术”“通信网技术”“移动通信”“通信工程设计”等多门专业课程的实践教学内容有所帮助。

④ 应用型人才培养资源的有效整合。校外实践教学基地的建立,将校企资源得到有效整合共享。连云港港口集团作为大型企业集团的优势将得以充分发挥,国有大型企业在人才培养中的社会责任得以落实。利用企业设施齐全、装备一流、技术先进的资源条件,建成校外综合实践教学基地,为学生提供校外实践环节的教学,将为广大学生实践能力、创新能力、创业能力的培养提供良

好平台。学生参加企业各类实践活动,也将增强学生就业竞争力。同时,实践教学基地可为周边地区高校和相关企事业单位相关人才培训提供有力支持,相关社会资源在实践基地的平台上得以有效整合并发挥作用。

⑤ 形成专兼结合的"双师型"实践教学指导队伍。通过共建综合实践教学基地,联合培养人才,可以大大加强实践教学师资队伍建设。聘请企业专家来校教学和指导,以及学校教师到企业挂职锻炼,可以建成一支校企人员共同参与的责任心强,教学、科研能力过硬,完全胜任创新人才培养要求的"双师型" 实践教学指导队伍。

⑥ 实践教学基地的示范与辐射作用。通过国家级大学生实践教学基地的建设,进一步加强校企产学研合作,引导高校教师、企业技术与管理人员联合开展针对企业生产运行的技术和管理问题组织攻关,联合申报和承担各类科研项目,加速科技成果转化,不断丰富实践教学素材,为人才培养和企业发展做出贡献。

5.2.11 行政管理实践教育基地项目建设方案

(1) 建设内容

① 认知实习。在进入专业课程学习之前,要有一个专业认识过程,采取请进来、走出去两种方式,即邀请企业基地导师来到课堂介绍,同时学生进入企业参观,以奠定学生感性认识的基础。

② 毕业实习。有一定比例的学生毕业实习、毕业论文在校外实践基地完成。

③ 学生社会实践。学生假期社会实践活动、学生参与社会实践劳动、社会调查等安排在校外实践基地完成。

④ 教师挂职锻炼。为培养一支"双师型"师资队伍,鼓励中青年教师到企业挂职锻炼,直接参与企业的生产经营管理活动,研究解决企业问题,不断提高中青年教师的社会实践能力与专业服务

水平。

（2）建设计划

计划从 2014 年 1 月开始，常年进行，用两年时间建成行政管理专业实践教育基地。具体建设进程如表 5-7 所示。

表 5-7　　具体建设进程表

时间	内容
2014 年 1 月～2014 年 4 月	人才培养方案和实践教学体系的构建
2014 年 5 月	行政管理专业实践教学项目建设
2014 年 6 月～2014 年 9 月	行政管理专业实践教学基地基本条件建设
2014 年 10 月	行政管理专业实践教材开发和实践教学案例库建设
2014 年 11 月～2014 年 12 月	行政管理专业实践教学企业指导教师培训
2014 年 4 月～2015 年 12 月	实施实践教学方案，安排学生到基地进行实践教学

（3）建设成果

① 形成校企联合培养“上手快、后劲足”的应用型行政管理人才培养新机制，包括具有较强操作性的行政管理专业校外实践教学的教学运行、学生管理、安全保障等的规章制度和管理办法。

② 建立行政管理专业校外实践教学基地的实践教学新模式，包括有利于实现应用型复合型人才培养目标的实践教学体系和培训方案，适应创新型人才培养的实践教学课程体系，实践教学案例库，实践教学的教材、指导书等教学资源。

③ 有效整合应用型行政管理人才的培养资源，为学生实践能力、创新能力、创业能力的培养提供良好平台，增强学生的就业竞争力。

④ 建设专兼职结合的“双师型”行政管理专业实践教学指导团队。

5.2.12 财务管理实践教育基地项目建设方案

(1) 建设内容

① 综合实习(轮岗实习)。了解企业概况、生产流程、资金循环;熟悉各个会计与财务岗位的职责、分工及衔接;掌握企业的整个会计循环过程;掌握企业的筹资过程与优化;掌握企业项目、证券投资的程序与评价方法;掌握企业资产管理与优化;掌握企业预算管理内容及体系;掌握企业的分配方式与策略;掌握企业财务分析与绩效评价.

② 毕业实习(顶岗实习)。学生在以下工作岗位顶岗或模拟顶岗实习:资金结算岗、会计核算岗、审核岗、往来业务管理岗、薪酬与绩效核算岗、预算岗、成本费用分析与控制岗、资金管理岗、财务分析岗、税务岗、会计档案管理岗、资产管理岗、财务成果核算岗等。

具体建设内容包括:① 财务管理专业应用型人才培养模式及实践教学体系构建。校企共同制定人才培养方案及实践教学体系,优化课程结构,合理安排实践环节,构建合理有效的实践教学体系。② 校外基地实践教学管理体系建设。探索建立校外实践可持续发展的管理模式和运行机制。共同建设校外实践教育的课程体系和教学内容,共同组织实施校外实践教育的培养过程,共同评价校外实践教育的培养质量。③ 基地实践条件建设。校企共同制定实习内容的具体开展形式,利用实践基地资源,经过校企双方协商、筛选整理,构建一套用于财务管理专业学生实践的企业资料,从财务管理制度学习、典型的岗位业务资料等。④ 实践指导教师队伍建设。建设优秀的实践指导教师队伍。聘请企业的优秀的财务领导与工作者,作为专业教学指导委员会成员以及兼职教师,建设一支较为稳定的兼职教师队伍,并承担财务管理专业的校外“1+1”师资。通过专任教师到企业学习或挂职锻炼,提升师资队伍整体水平。⑤ 实践教学开展的教学资料。财务管理专业综合实习大纲、实习计划、实习指导书;毕业实习大纲、计划、指导书。实习资料归档、整理。⑥ 教学案例开发。校企结合组织教学案例,整理企业典型的财务案例,如成本核算案例、财务计划与预算案例、债务融资案例、项目投资案例、财务分析案例、营运资金管理案例、短期生产经营决策案例等。⑦ 教材建设。根据企业案例与理论相结合,共同撰写财务管理实务教材。

(2) 建设实施计划

① 2012年12月～2013年12月:初步完成人才培养方案的制定,明确校企双方责权利。初步完成基于实践创新能力培养系统化的实践课程体系的构建。制定兼职教师管理制度;聘请2～3名兼职教师。初步建立二级学院校企合作办学管委会和教学指导委员会。初步建立校企合作运作和管理制度。综合实习学生到基地实习。初步了解企业典型案例,进行研讨。

② 2013年12月～2014年12月:进一步完善人才培养方案。进一步完善实践课程体系。完善兼职教师管理制度;新聘请5名兼职教师。完善校企合作运作和管理制度。完善实训平台日常管理制度;收集整理财务业务基础资料;收集加工企业案例;正常开展综合实习和毕业实习;准备相关材料,准备验收。

(3) 建设成果

① 形成校企联合培养的应用型人才培养新机制。通过国家级大学生校外实践教学基地的建设,有利于建立健全校外实践教学基地的组织管理体系。通过校企深度融合,形成一套适合实践教学基础可持续发展的管理模式和运行机制,建立操作性强的校外实践教学的教学运行、学生管理、安全保障等规章制度和管理方法。

② 形成校外实践教学基地的实践教学新模式。研究和创建有利于应用型人才培养目标的实践教学体系和培养方案,建成适

应创新人才培养的实践教学课程体系，开发相应综合实践教学案例库，编制和完善实践教学教材、实践教学指导书等教学资源。

③ 应用型人才培养资源的有效整合。校外实践教学基地的建立，将校企资源得到有效整合共享。连云港港口集团作为大型企业集团的优势将得以充分发挥，国有大型企业在人才培养中的社会责任得以落实。利用企业先进的资源条件，建成校外综合实践教学基地，为学生提供校外实践环节的教学，将为广大学生实践能力、创新能力、创业能力的培养提供良好平台。

④ 形成专兼结合的“双师型”实践教学指导队伍。共建综合实践教学基地，联合培养人才，可以大大加强实践教学师资队伍建设。聘请企业专家来校教学和指导，以及学校教师到企业挂职锻炼，可以建成一支校企人员共同参与的责任心强，教学、科研能力过硬，完全胜任创新人才培养要求的“双师型”实践教学指导队伍。

5.2.13 市场营销实践教育基地项目建设方案

(1) 建设内容

① 卓越创新创业人才培养模式构建。校企密切合作，根据企业对营销人才需求研讨市场营销专业人才培养模式，即校企共同协商制定人才培养方案、共同建设专业教学团队、共同建设实习实训基地、共同实施专业教学、共同开展教学质量评价、共同负责学生就业。

② 基地组织管理体系建设。在政府支持下，在淮海工学院组织领导下，企业密切配合下，组建商学院合作办学管理委员会，市场营销系负责市场营销专业建设。围绕卓越创新创业人才培养模式，形成校企双方共建的组织管理体系，包括机构、制度等。

③ 基地组织管理制度建设。在商学院校企合作办学管理委员会指导下，制定建设管理制度，包括校企双方理论课程建设、实

践课程建设、大学生实践创新活动、双方科研活动、社会服务活动、兼职教师管理等。

④ 实践指导教师队伍建设。实践指导教师队伍建设包括两个方面，一是校内专任教师实践能力的提升，二是企业兼职教师理论和教学能力提升。以港口集团公司基地建设为契机，多管齐下，建设“双师型”结构的优秀实践指导教师队伍。聘请企业的优秀管理者和技术人员作为专业教学指导委员会成员以及兼职教师，建设一支较为稳定的兼职教师队伍，并承担部分市场营销专业核心专业课。即一门专业核心课程由两位教师讲师，一位是校内教师，一位是企业教师。在调研企业需求基础上，通过专任教师下企业、兼职社会服务培训、横向课题研究等，提升师资队伍整体水平。

⑤ 实践教学文件和教材建设。在人才培养方案的指导下，依托港口集团公司完成相关实践教学文件编写工作。包括实践教学指导书、实验指导书、课程设计指导书。另外与实践基地的教师从教材选择和教材编写等方面共同进行教材建设。

⑥ 依托大学生实践教学基地开展社会服务。通过校企合作，校内专职教师可以根据企业的培训需求提供培训和指导。为企业进行宣传，提高合作企业的品牌价值。

⑦ 依托大学生实践教学基地促进项目开发与成果转化。市场营销专业将组织高水平教师团队与港口集团公司合作承接横向、纵向科研项目，实现校企和谐互动，共享资源多赢。选派人员，承担或参与企业项目，解决企业生产、应用、研究等方面难题，促进创新成果的有效转化，为港口集团和地方经济服务。与港口集团公司联合申报高层次的研发项目，通过校企合作实现技术创新和成果转化应用。

实践基地以实训、实习等为主要实践形式，具体实践教学项目如表 5-8 所示。

表 5-8　　实践教学项目表

实习项目(或任务)	实习内容
专业认识实习	使学生对企业管理、营销管理等有初步认识
专业实习	有效地将理论知识与生产实践相结合,拓宽学生的知识面,增加感性认识,把所学知识条理化系统化,激发学生向实践学习和探索的积极性。主要有市场调查实习、营销策划实习(包括广告策划与公关策划)、商务谈判实训等
顶岗实习	在完成专业认知、基本技能、专业技能培养后,进入顶岗实习的综合技能培养阶段,在企业真实岗位进行顶岗实习,培养学生的职业素质,为学生实现零距离上岗提供强有力保障。主要是推销技能实习
毕业实习	毕业实习是理论与实践相结合的重要方式,是提高学生政治思想水平、业务素质和动手能力的重要环节。学生通过实习走向社会,接触实务,巩固所学专业知识,进一步提高认识问题、分析问题、解决问题的能力,为今后走向社会,服务社会做好思想准备和业务准备
毕业设计	毕业设计是理论与实践相结合的重要方式,是提高学生专业理论水平、业务素质和动手能力的重要环节。要求学生做实践基地的课题研究,解决实践基地的实际管理问题
大学生实践创新项目研究	在校学生根据自己研究兴趣和实践基地的实际问题,选择研究课题,申报各级别(校、省、国家)大学生实践创新项目和大学生创新创业项目,在校内教师和实践教师指导下,利用实践基地平台进行研究

(2) 建设实施计划

具体建设进程如表 5-9 所示。

表 5-9　　具体建设进程表

时间进度	计划内容
2013 年 12 月～2014 年 3 月	(1) 确定具体接洽联络人，聘请校外实践兼职教师 (2) 建立商学院校企合作办学管委会和教学指导委员会 (3) 相关管理制度建设
2014 年 4 月～2014 年 8 月	(1) 制定“卓越创新创业”的人才培养方案并校企论证 (2) 构建基于实践创新能力培养的理论和实践课程体系 (3) 课程建设研讨，形成各实习指导书和实验指导书 (4) 教材建设研讨，推动共同选择和编写教材
2014 年 9 月～2014 年 12 月	(1) 推动学生实践活动开展 (2) 推动校内教师在企业的各项服务开展 (3) 推动企业教师在校内授课及指导活动开展 (4) 推动双方合作科研项目开展

(3) 建设成果

① 形成校企联合培养卓越的创新型应用型人才培养新机制。通过国家级大学生校外实践教学基地的建设，有利于建立健全校外实践教学基地的组织管理体系。通过校企深度融合，形成一套适合实践教学基础可持续发展的管理模式和运行机制，建立操作性强的校外实践教学的教学运行、学生管理、安全保障等规章制度和管理方法。

② 形成校外实践教学基地的实践教学新模式。根据企业实际情况，研究和创建有利于创新型应用型人才培养目标的实践教学体系和培养方案，建成适应创新人才培养的实践教学课程体系，开发相应综合实践教学案例库，编制和完善实践教学教材、实践教学指导书等教学资源，创新实践教学评估体系。建成一套适合校外实践教学基地教学运行管理体系和考评体系。规范校外实践教学各环节运行评估，激发教师和学生的主观能动性和创造精神，形

成实践教学质量监控体系。

③ 应用型人才培养资源的有效整合。校外实践教学基地的建立,将校企资源得到有效整合共享。连云港港口集团作为大型企业集团的优势将得以充分发挥,国有大型企业在人才培养中的社会责任得以落实。利用企业设施齐全、装备一流、技术先进的资源条件,建成校外综合实践教学基地,为学生提供校外实践环节的教学,将为广大学生实践能力、创新能力、创业能力的培养提供良好平台。学生参加企业各类实践活动,也将增强学生就业竞争力。同时,实践教学基地可为周边地区高校和相关企事业单位相关人才培训提供有力支持,相关社会资源在实践基地的平台上得以有效整合并发挥作用。

④ 形成专兼结合的"双师型"实践教学指导队伍。通过共建综合实践教学基地,联合培养人才,可以大大加强实践教学师资队伍建设。聘请企业专家来校教学和指导,以及学校教师到企业挂职锻炼,可以建成一支校企人员共同参与的责任心强,教学、科研能力过硬,完全胜任创新人才培养要求的"双师型"实践教学指导队伍。

⑤ 形成结合实践基地的横向研究成果。通过共建实践基地和资源共享开展横向课题研究,深入分析企业具体管理情况,确定研究方向和内容,为企业管理决策提供依据。学生自带课题(实践创新项目)下企业,在实践中完成课题研究,为企业管理决策提供参考依据。

⑥ 实践教学基地的示范与辐射作用。通过与港口集团公司大学生实践教学基地的建设,进一步加强校企产学研合作,引导高校教师、企业技术与管理人员联合开展针对企业生产运行的技术和管理问题组织攻关,联合申报和承担各类科研项目,加速科技成果转化,不断丰富实践教学素材,为人才培养和企业发展做出贡献。

5.3　综合实践教育基地实践教育项目实施示例

5.3.1　实践教育项目实施的组织和管理

(1) 组织管理的框架以及双方的职责和任务

连云港港口集团有限公司下属各子公司和控股公司负责人、淮海工学院各二级学院负责人为委员会成员。

① 双方的职责与任务。为积极探索应用型人才培养模式,促进学校与企业联合培养人才新机制的建立,淮海工学院(甲方)和连云港港口集团有限公司(乙方)经友好协商,共同确立了二者在实践活动中各自需要承担的责任和可行使的权利。

② 管理办法。为保证学生能够正常有序地参与校外实践活动,淮海工学院先后制定了《外实践教学安全管理规定(试行)》(淮工院发〔2013〕92号)、《实践教学经费使用管理规定(修订)》(淮工院发〔2013〕91号)等多项文件。各二级学院相关专业出台了相应的管理办法。

③ 运行机制。运行机制是建设大学生校外实践基地并使之可持续发展的保障。在实践探索的基础上,淮海工学院—连云港港口集团有限公司大学生实践教育基地不断完善创新基地管理运行机制,并重点在建立管理机构、实行项目管理、实践教学经费分担与保障、激励队伍政策、产学研合作成果共享等方面加强建设。

淮海工学院和连云港港口集团共同确定了大学生校外实践基地管理委员会为基地建设与管理的最高权力机构,下设办公室处理日常事务。建立淮海工学院和连云港港口集团有限公司国家级大学生实践教学基地各专业(学院)教学指导委员会,由行业专家、试点专业负责人、基地实践指导教师组成,审定实践活动方案,指引实践教学课程体系和内容的改革,探索人才培养新模式，不断推进实践基地建设，加强产学研结合，共同研究探索应用型人才培养的有效途径。

各二级学院与各子公司将根据实际建立健全相关管理组织机构。如计算机工程学院已经成立了相应的组织。计算机工程学院与通信信息工程公司、电子口岸信息技术有限公司共同建立计算机类软件人才实践教学基地分管理委员会，管理会主任由计算机工程学院院长和两家公司的总经理担任，分管理委员会下设实践教学办公室。确定指导实践教学活动的企业工程师，将实践教学任务和方案下发到具体部门和人员，统一安排学生到公司参加各类实践教学活动，督促和指导工程师的具体工作与成绩评定，做好学生在企业期间的管理工作和指导工程师的管理工作。

（2）实行项目管理

建立项目管理制度，实行实践教学环节的项目管理制度。各二级学院将根据人才培养中的实践教学方案，明确各实践教学环节组织、运行、控制、评价的直接责任人。

结合淮海工学院和连云港港口集团的实践实训环境和条件，采取“逐条实施，逐步到位，逐项见效，逐年规范”的措施，将实践基地建设落到实处。

5.3.2 测绘工程专业实践教育项目实施

（1）建立实践基地管理执行机构

依据淮海工学院连云港港口集团大学生实践教学基地管理委员会要求，成立测绘学院与连云港港口工程设计研究院有限公司实践教学专业指导委员会，组长分别由校企院长、总经理担任，统筹调配总体设计与实施计划，学院分管教学的副院长和企业分管外联的经理担任指导委员会副组长，全面管理实践教育教学组织管理工作，各专业负责人和企业部门领导负责执行各实践教育实施计划，全面落实各实践项目任务的资源、导师、条件等安排，基地校企实践指导教师全面实行责权利对等开展工作。

（2）实践项目实施

① 按照实践教学方案要求，组织实践教育基地做好实践教学方案和实践教学计划的实施落实工作，做好实践教学指导教师工作任务安排，协调企业在设备、生产、工具、人员等方面统筹协调。开展沿海大地形变测量实践教学，包括测绘工程专业每年 80 名学生的 GPS 测量和沿海地表沉降测量；近海道测量实践教学，包括测绘工程专业进行海洋水体和水下地形进行测量和调查的工作；港建工产学结合及毕业实践教学顶岗实习等工作。其中，建设校企共享的沿海大地形变测量实践教学基地如图 5-2 所示，基地控制网点标志示例如图 5-3 所示。

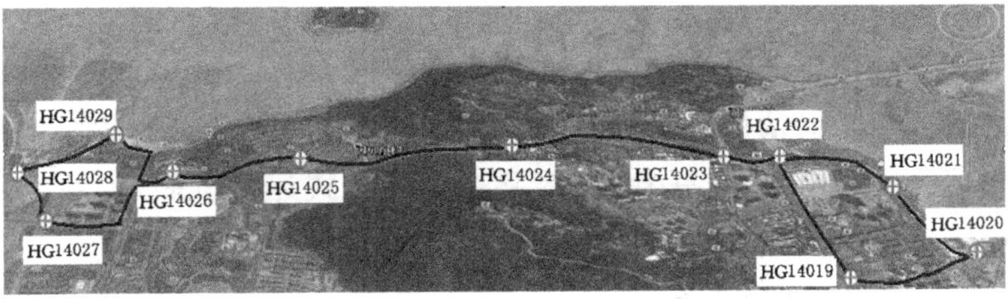

图 5-2　沿海大地形变测量实践教学基地

图 5-3　沿海实践教育基地某控制点标志

② 校企实践教学指导教师联合对学生进行安全、知识产权、保密教育，承担实践技能的理论辅导和实践操作指导，开展示范教学、知识讲解、技能技巧及先进技术应用等教学工作，包括地面测量新技术和海洋测绘新技术传授，测绘实践过程中学生管理，实践教学环节学生实践成果检查、验收及成绩评定等工作。

③ 实践教学基地相关工作人员协调处理相关职能部门和院系的事务工作，检查实践教学各环节实施要点，以确保实践教学方案的全面实施，保证实践教学水平和质量。

5.3.3 电气工程及其自动化实践教育项目实施

5.3.3.1 基地组织管理体系执行机制

在政府、淮海工学院和连云港港口集团共同组织领导下，电子工程学院负责通信工程专业建设。由电子工程学院主导，与连云港港口集团通信信息工程公司合作组建电子工程学院合作办学管理委员会，开展校企联动、互促共赢的项岗式运行机制，创新实施电气工程及其自动化人才培养模式。

5.3.3.2 实践项目实施

按照学校规划及电力行业现代化建设的需要，根据国家教委颁布的本科(专科)专业目录落实培养计划、结合电力系统工业现场运行实际情况，充分利用实践教育基地通信信息公司人、财、物、信息等资源，发挥校企实践指导教师的理论与实践相结合的指导优势，开展电气工程及其自动化实践教育项目实施，同时，开展专业教育、示范教育、技术交流和科研试验。

由于电力系统自动化课堂理论的缺失，校内没有电力系统自动化相应的实验设备，所以，沿海实践教育基地给予了电气工程及其自动化专业迫切需要对电力系统自动化方面的补充，可以让学生跟班实习，亲自参加实践活动。同时，电气工程及其自动化的专业近年来的招生人数较多，现有的实验实习设备只能满足 1 个班的要求，而且专业方向单一，只有电力电子及电力拖动方向，开辟新的专业方向需要投入大量的人力物力，投入缺口比较大，沿海实践教育基地的建设，开辟电力系统自动化新的专业方向，让学生更好地适应社会需求。

(1) 电力系统及其综合自动化实践教学实施

① 一次设备采用实物模拟仿真，能够真实反映电力系统稳态、暂态运行工况；能够观察到各种现象的物理过程，获得明确的物理概念；模拟发电机容量不得小于 3 kW。系统采用典型的“发—变—输—配电”结构方式，能够反映现代化电能的生产，传输，分配和使用的全过程；灵活组成多种运行方式；能够较完整地配置微机自动控制装置、微机继电保护以及测控和录波装置等；满足发电机频率/有功控制、发电机电压/无功控制与调节；具有系统正常运行、故障与事故报警系统、并网及系统解列、系统恢复等不同状态的各种对应情况下的操作及保护功能。能够进行典型系统的验证性试验与分析性试验。具有完善的防止因为误碰、误整定、误操作而造成实验系统的损坏和人身伤害保护功能；电气一次部分具有拓展性，预留扩展接口。

② 电气二次部分各电气量参数、性能指标符合行业标准；电气二次部分选为现场实际应用的、先进的、口碑好的设备，配置数量能够完成电气一次设备的测量、调节、控制、保护等功能；记录设备能够完整反映系统的各种运行状况及参数，符合实际系统运行时的数据记录与事故分析功能；二次设备满足实践教学的可测试性和可操作性；发变组保护采用大型机组的配置(发电机容量不小于 300 MW)。

③ 监控设备为现场实际应用的、先进的、口碑好的设备，并满足配电自动化、调度自动化要求；网络拓扑结构、通信协议满足最新行业标准；实现对系统的监视、数据处理与管理、系统运行方式的视觉输出等功能；监控设备的配置能够反映目前发电厂、变电

所电力自动化设置的先进水平，对一次设备的控制均满足“四遥”功能；监控系统具有拓展性。

（2）智能用电信息系统实践教学实施

智能用电信息采集系统如图 5-4 所示。根据不同业务对采集数据的要求，编制自动采集任务，包括任务名称、任务类型、采集群组、采集数据项、任务执行起止时间、采集周期、执行优先级、正常补采次数等信息，并管理各种采集任务的执行，检查任务执行情况。

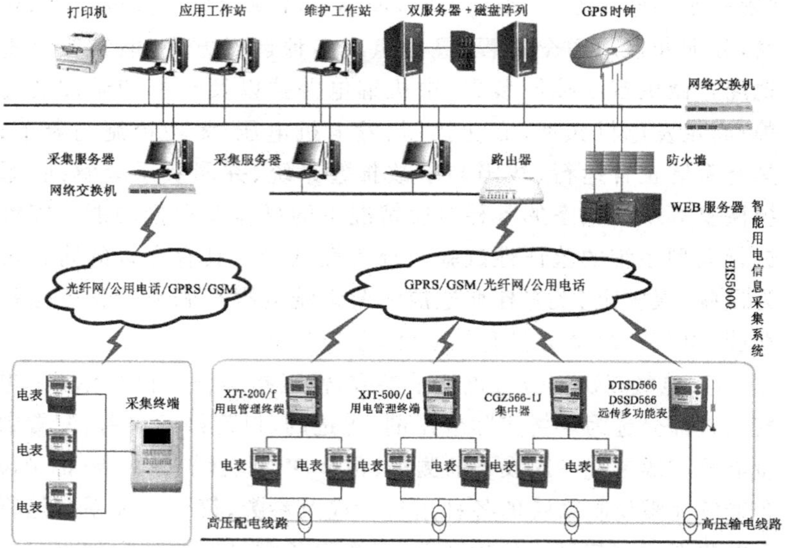

图 5-4　智能用电信息采集系统图

通过采集任务执行质量统计分析，检查采集任务的执行情况，分析采集数据，发现采集任务失败和采集数据异常，记录详细信息。采用统一的数据存储管理技术，对采集的各类原始数据和应用数据进行分类存储和管理，为数据中心及其他业务应用系统提供数据共享和分析利用。系统支持数据综合查询功能，并提供组合条件方式查询相应的数据页面信息。对维护系统运行必需的电网结构、用户、采集点、设备进行分层分级管理。系统可实现从营销和其他系统进行相关档案的实时同步和批量导入及管理，以保持档案信息的一致性和准确性。系统提供专用和通用的制表功能。系统操作人员可在线建立和修改报表格式。根据不同需求，对各类数据选择各种数据分类方式（如按地区、行业、变电站、线路、不同电压等级等）和不同时间间隔组合成各种报表并支持导出、打印等功能。

(3) 供配电技术实践教学实施

参观110 kV、35 kV、10 kV高压变配电所，通过工厂变电所的电气主接线图，直观形象了解负荷的运行状态，了解变压器及输电线路微机保护装置、高压电动机微机保护装置、备用电源自动投入装置、无功补偿装置、异步电动机变频器、智能电量监测仪、有功电度表、无功电度表、电动机组、低压断路器等工业现场广泛使用的器具。供电方案面板布置示意如图5-5所示。

有了综合实践教育基地建设实施，通过基地指导教师对工业级电信产品采购招标全过程的阐述，同步与实践教学、示范教学紧密结合，使学生学习现代工业实际产品，了解电力方面的基本法规和电力系统的最新进展与发展动态，具有较强的电气设备施工、安装、调试能力和电力工程技术管理的基本能力，具有较强的电厂、变电站、供配电系统及电气设备运行与维护能力和现场事故分析及处理的能力，具备了应用新系统、新技术的初步能力，实现了认知新设备、提高新技能、培育新思想的实践教学目标。

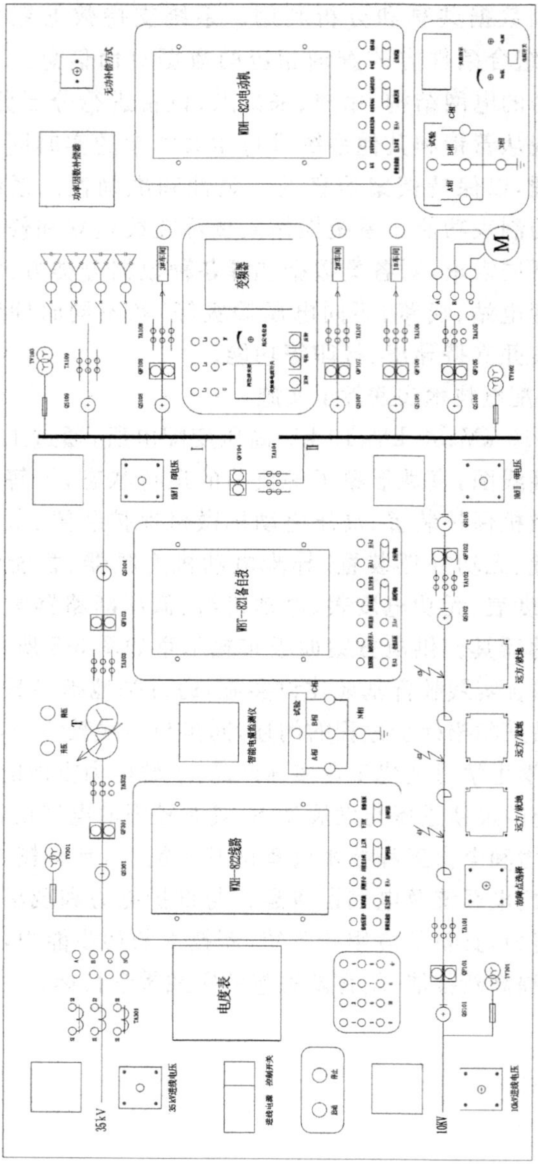

图 5-6 供电方案板布置示意图

第 6 章　实践教学反思基地建设与实践

6.1　反思性教学概念

反思的含义是回头思考，即为了日后更好的发展，事后从已经发生的事件中总结经验，提取教训，反思过去是为了将来。因此，理解反思性教学的内涵，就要对反思的基本组成部分有充分理解。反思教学理论大约在 1990 年后传入国内，于是，相继出现了许多本土的理论，国内反思性教学研究的著名学者华东师范大学的熊川武教授的著作《反思性教学》极具代表性，在学术界产生很大的影响，以反思性教学的主体、教学工具的合理性以及反思性教学的设计为切入点，翔实描述了三者的联系和区别，并介绍了国外比较普遍的若干反思模式。国际上普遍比较认可美国学者维拉的论点，反思性教学是反思主体利用逻辑推理能力、细致思考的判断和赞成反思的心态进行的批判性反思的过程。除此之外，国内学者也对反思性教学的概念内涵及拓展进行了研究。张建伟将反思性教学理论定义为反思者以自己的教学活动过程作为思考对象，谛视与辨析自我行为、决策以及后果的过程，能提高反思者的自我谛视水平，让自我综合能力得到一定提高。在教学实践过程中，反思主体分析自己的表现并对自己的行为进行改正，从而提升自我专业教学效率和素质，同时提出反思者反思的特点是实践性、针对性、反省性、时效性、过程性。我国研究反思性教学的权威学者熊川武教授指出，反思性教学是指教学实施人利用反思过程，探索和解决教学目的以及教学工具等问题，将教学与自我学习有机结合，不断使教学实践越来越合理。

综上所述，反思性教学是经过教学主体的探究，寻找出教学中的问题与答案，利用审视自我的教学实践并不断改良不合理的教学行为，追求教学实践的科学合理的过程。

6.2 反思性教学理论

6.2.1 元认知理论

20 世纪 60 年代，认知学派主导着学习理论的研究，在此期间，他们提出了“元认知”概念。“元认知”顾名思义，就是对认知的认知，它是指个人对自己的认知加工过程的自我觉察、自我评价、自我调节，即认知者对自己认知活动的自我意识。元认知主要有元认知知识、元认知体验、元认知调控这三个方面，它们之间相互联系也相互影响。在教学活动中，元认知知识指的是教师对教学活动的自我意识；元认知体验指的是教师对教学情况的判别及思考等；元认知监控可分为三个方面：第一，教师对自身教学活动的预先计划；第二，对自己的教学过程进行有意识的监察、评价和反馈；第三，对教学活动的调节和控制。教师对元认知理论有较深的认识，是进行教学反思的基础。元认知理论深化了教学反思的内涵，使得人们更加关注教师的内在思维，为教师教学反思的研究提供了心理学依据。

6.2.2 反思性教学理论

熊川武教授在分析了西方反思性教学理论的基础上，结合我国实际情况提出了反思性教学理论。它要求反思者不仅要会教学，还要会学习，努力使得教学活动最优化。这个理论建立在合理性的基础上。反思目的则采取了个性价值和共性价值互补的方式，并且兼顾了教学工具的技术和人文内容。反思性教学可操作性强，反思者要有较强的反思意识，并在具体的过程中采取相应的措施。反思性教学理论为培养反思型人才提供了理论依据。

反思性教学的基本点是探究和解决教学问题。反思不是简单地对教学实践情况进行回想，而是要去深究决策和技术以及伦理等层面的教学问题。反思性教学的教师不能只是教材传递者或教学大纲的执行者，而是要在领会教材与教学大纲要求的基础上，重点解决教学中存在的问题，并在解决问题的过程中优化教学过程，提升教学效果。反思性教学理论为教学实践开辟了新的道路。它启发教师不断反思，探究教学中的新问题，在探索中把自己锻炼成学者型教师，从而改变凭经验教学或简单重复教学的现象。

综上所述，所谓教学反思，是反思者为了实现教学活动的最优化，结合教学目标和教学工具对专业教学活动的再认识，并以此来总结经验教训，发现解决问题的方法，进一步提高个人的综合水平，提高自身的专业发展。教学反思是专业教学认知活动的组成成分，它穿插于整个教学过程。教学反思大致分为纵向型反思、横向型反思、个人反思与集体型反思等。教学反思的内容涉及教学观念、教学知识方面以及教学对象等。教学反思的方法有书写教学日志、同事交流、课堂观察等。

6.2.3　反思性教学作用

反思性教学能让反思者产生自己的想法并和别人讨论。假如反思者能在反思性教学实践上给予一定投入，便能够从根本上改变传统的、目的性不强的行为，帮助反思者改变观念，从而有意识、有目的地从事相关活动，提高教学与反思品质。反思性教学是反思者专业发展的理想而有效的方法。反思性教学是否能发挥效用，是否对反思者的学习生活产生影响，关键是它能在何种程度上能够变成反思者的日常实践。反思者需要在反思性教学过程中摸索新理念与新方法，还要充分将理论融合到实践中去，以此提高有关学习生活实践活动的深度。

教学反思出自于对教学的认识与思索，它让平时生活学习中对生产生活的思索变成习惯，而这种思索也是教学实践中的环节，可以让反思主体从根本上提升自己，便于反思主体自身的进步发展。反思性教学的不同环节有利于反思主体熟悉领域内的知识，提升自我知识水平，取得长足发展。教学反思也是反思主体自身职业水平和素质的外化，成为反思型人才能提高反思主体职业使命感。教学反思能提高反思者实践教学能力，促进反思者专业素质提高。教学反思能增强学习与工作能力，提高工作效率，增加学习与工作有效性。因此，我们应该重视培养反思主体的教学反思能力。

6.2.4 实践教学反思应用

实践教学可以理解为在教师传授给学生知识、技能的过程中要让学生实际去做，注重培养学生的学习能力、思考能力、想象能力、动手能力、判断能力和解决问题能力，注重综合素质的培养，注重培养学生改造社会和自然的能力，可以说，实践教学是培养学生实践技能、创新能力的重要环节。

① 反思实践的方法。其主要方法有三种：自省式，即扪心自问，自我剖析；交互式，即合作学习、对话交流、取长补短；综合式，即要求实习生把教学实践与教学研究及毕业论文写作结合起来。② 反思实践的过程。应畅通信息交流渠道，加深实习教师与学生的了解与信任，以使师生之间的沟通顺畅；实习教师之间相互听课，通过小组机制讨论交流，加强与实习指导教师的交流，从多方面获得交流信息，从而对交流信息进行观察、分析与整理，再对反

思结果提出假设并应用于实践，总结实践过程中的经验，将其体现在实习总结报告中。③ 反思实践的行为。有效的反思行为来自于对实践状况的组织、计划的能力和通过行动对这种计划进行开发和做出反应的能力，只有这样，学生的实践行为才能得到发展。④ 反思实践的结果。正是通过专业知识的发展，教学环境的把握，运用知识的能力的形成，教师才能真正地对教学实践做出灵活而有效的反应，提高专业实践技能和创新能力。

6.3　实践教学反思基地建设与实践示例

6.3.1　测绘工程专业实践教学反思

测绘工程专业作为实践性很强的工科专业，要求学生不仅要掌握测绘学的基本理论、基本知识和基本技能，而且要具有测绘工程项目施测的基本能力。测绘工程专业基本能力的培养包括各种测绘仪器的操作能力、测绘工程项目方案设计、工程施测能力、计算能力、绘图能力等。因此，通过实践教学培养学生发现和解决问题的能力以及创新意识和创新能力成为实践教学的首要任务。多年来，测绘工程专业一直努力于创建实习基地，尽可能提高实践教学质量，在当时的环境下，利用实习指导教师带领学生实习的方法，让实习学生把学到的专业理论知识和专业技能，应用到现场测绘中去，要求达到测绘人员在现场应有的理论知识、技能、素质，锻炼学生具有工程测绘的专业能力、技术水平和综合素质等。但是，要想使测绘工程专业的实习获得预想的效果，还需要更加优化的设计、更加合理的安排、更加良好的组织、更加规范的管理，需要更合理运用测绘技术、设施及环境等测绘有利资源。下面以测绘工程专业实践教学现状调查分析为例，反思加强建设综合性实践教育基地的必要性。

测绘专业实习在所有高等测绘院校都是专业必修课，并且被列入教学计划中。在高等测绘院校的专业必修课中，测绘专业实习作为实践环节，具有重要位置。在高等测绘院校，进行实习就是与生产劳动相结合的一个重要体现。测绘专业实习作为测绘专业重要的实践性环节，影响到测绘专业的质量，因而受到高等院校高度重视。各高等院校的测绘专业学生在每项测绘专业课结束后都要进行测绘专业实习。参与测绘专业实习在测绘院校专业人员和学生的心目中已经是自然而然的事情。这说明，测绘专业实习的观念已经深入人心，成为高等测绘专业中一个不可缺少的重要组成部分。据调查，全国绝大多数测绘院校有设立测绘专业实习指导委员会或测绘专业实习领导小组，有的还设立了专门的测绘专业实习机构。实习指导委员会一般由主管院（校）长、教务处长和各院系教学负责人组成，负责对测绘专业实习作方针政策上的全面统筹规划与科学管理。在院（校）级实习领导机构之下，有些院（校）还设立了分系的实习领导小组，负责对测绘专业实习的具体化和科学化管理。有些院校还将当地的测绘专业行政部门和综合实践教育基地学校的领导吸收到实习领导机构里来，以获得他们对测绘专业实习的有力支持，进而推动测绘专业实习工作的顺利开展。

各测绘院校都制定了配套的实习规章制度，每一时期相关测绘专业管理部门都会根据当时当地的实际情形颁布一系列推动测绘专业改革和发展的规章制度，而要真正落实并执行这些规章制度，必须得到各测绘高等院校学校的帮助和支持。在高等院校中，测绘专业实习制度化，除了它被列入教学计划之内外，还有一整套配套实习制度和规范。例如，大多数测绘高等院校制订了《测绘专业实习办法》、《学生实习守则》、《测绘专业实习成绩评定标准》、《实习指导人员职责与义务》等条款，测绘专业实习大纲对测绘专业实习的目的意义、方式方法、内容形式、时间地点、成绩界定等都做了细致的要求。有些学校还将这些规章制度汇集成手册，发放给实习学生和实习指导专业人员，使测绘专业实习执行起来有据可依，有章可循，从而也更进一步促进测绘专业实习的规范化发展。

对测绘专业实习的研究向全方位多层次迈进，随着测绘行业日新月异的发展，测绘专业实习方面的理论研究也正逐步获得广泛而深入的开展。主要表现为：从事测绘专业实习研究的专家、教授越来越多；研究的广度和深度不断增加，研究几乎涉及了测绘专业实习的各个方面。近几年，对测绘专业实习研究所获得的研究成果，比较显著的是对测绘专业实习方式的探索。以传统的校内实习为基础，探究形式各样的实习形式，如校内实习、用人单位实习、实践基地实习、顶岗实习以及综合实习等。对实习形式的多样化探索，极大地缓解了当前高等院校测绘专业实习工作中遇到的一些难题。

近年来，当代测绘科学技术迅速发展的同时，诸多国家级大型测绘工程与项目开始动工，对测绘高素质人才越来越有需要，因此，高等测绘院校测绘类学生实习的必要性越来越大，实习锻炼也越来越多，与此同时显露出的问题也越来越多，主要体现在以下方面：

① 实习目的较单一，实习内容不够全面。测绘专业实习的目的一般都偏重于提高测绘专业实习的动手操作能力，同时检验测绘实习学生所学基础理论知识与教师教学技能和测绘高等院校测绘专业办学质量，而对于学生的实习反思能力、科研创新能力的培养要求的重视则相对不够。测绘专业实习固然具有检验测绘实习学生所学知识与技能以及检验测绘专业质量的作用，但是其更重要的目的还是为测绘实习学生将来的测绘工作做好训练和准备，通过测绘专业实习提高测绘实习学生的综合实践能力，最终实现测绘实习学生由学生到专业人员的过渡。这种过渡，是测绘实习

学生在有了一定的理论知识，专业技能有一定提升之后，在综合素质方面逐渐向测绘专业人员的靠近。在实习内容上，一般都偏重于专业课实习，而综合性的实习较少。由于测绘实习工作量较大，出外业很多，相对辛苦，综合性实习难度和工作量大对学生来说是个很大局限，进而也会影响到测绘专业实习的质量，这也是专业所限制的，这一问题亟待解决。

② 操作能力较差，实践教学不够重视。一些高校不够重视测绘专业实践教学，还没有建立统一完善的体系来进行实践，还有的一些学校由于仪器数量不够，不能满足学生实践的需求，因此实践时能亲自动手操作的学生不多，大多数学生并不能锻炼到自己，由此会出现测绘专业学生实践水平参差不齐的情况，相当一部分学生动手实践能力不够。部分学生能力过低水平不足，却好高骛远，以至于用人单位和学生之间容易出现不协调，此问题越演越烈，逐渐成为一个社会问题。

③ 基地资源较少，参与力度不够到位。一般情况下，专业实习的学生在用人单位的选择上大多是学校安排，比较单一，没有做到多样化选择。实践基地的人、财、物、产、供、销、信息等资源条件有限，难以支持良好的实践合作目标，有的实习单位资源实力较弱，对学生专业技能和职业道德缺乏有效指导，而把重点放在了效益上，一味重视结果缺乏过程性指导，支持实践教学的力度有待增强，有必要开展选择性合作。

④ 实践指导较弱，管理机制不够完善。各高等测绘院校很少设置专门的实习指导教师，大部分高等测绘院校的实习指导任务都是由专业任课教师承担的。他们在进行学校日常的授课任务的同时，还要对专业学生的实习进行指导，这样一来，他们就很难完美地兼顾两方面。除此之外，学生专业实习基地和单位分散也是难度之一。测绘实践基地以及用人单位的指导教师比较注重效益，对学生的考核看中的是结果，忽视了过程评价和全面评价，而

学校的指导教师在评价学生时除了考虑学生的教学结果，一般也会关注学生的综合能力，包括学生的沟通能力、团队合作能力、应急事件处理能力等，而用人单位就缺乏这种耐心。

⑤ 安全意识较薄，风险责任不够给力。学校与实习单位的协调不够完美，多多少少存在一定问题。很多测绘高等院校没有建立系统的有效的利于双方管理和监督的流程，只是停留在简单的合作上，因此对学生的管理和处理上就不够到位。而且，无论是学生和指导教师的规避风险意识都比较淡薄，在实习时，保障学生、用人单位或者实践基地和指导教师的合法权益、保险安全等意识不足，只有少数测绘专业类高校在实习协议中明确给学生在实习期间制定了意外伤害保险和工伤保险，缺少规避风险意识，这是高等院校和实践基地、用人单位甚至学生家长普遍面临的问题，必须引起足够的重视。

6.3.2 测绘实践教学基地机制建设

淮海工学院测绘工程专业同样存在类似不足之处。为了响应学院提出的“上手快、后劲足”应用型人才培养目标要求，实现测绘工程专业人才培养目标，加强测绘工程专业实践教学环节，达到工程教育专业认证确定的毕业要求，全面提高学生的工程意识、工程素质和工程实践能力，我们在淮海工学院与连云港港口集团共建沿海综合实践教育基地时，经过反思与分析，实施时注重以下几个方面。

(1) 高质量建设校内外实践教育教学基地

为了建设高质量校内外实践教育教学基地，不仅要完善本来的测绘综合实践教育基地，还要继续联系其他规模资源、环境条件、管理模式、管理理念比较好的实习单位，不断向高质量的实践教育基地学习，以合作共赢、公平公开、双向选择为原则致力于建立为实习学生提供优质服务的实践单位，尽可能联合综合性、资源强的企业共建实践教育基地，努力提升实习实训条件和工作环境，充分让实习学生享受到优质测绘实践教育基地带来的便利，全面提升知识技术、实践技能和人文素养。

(2) 加强较全面的过程管理

测绘专业实习应该要由高等测绘院校、实习基地或者用人单位和实习学生等多方一起参与，在现有实习现状的基础上，建议各测绘高等院校探讨实习的安排与理论教学的差异性，完善实习流程管理，并在实践中不断改进实习方式方法，制定更加完善的学校和用人单位双方协议等，同时定向取得指导教师、学生、用人单位的反馈意见，不断优化改进，实现完善的过程管理机制。

(3) 加强专业教师队伍建设

专业教师队伍的建设在国内高等测绘院校并不普及。各高等测绘院校在不断发展校内实践基地的同时，通过学习优秀测绘实践基地的经验，提高校内实习基地的建设水平，从而提升测绘实践教育基地建设的能力；同时通过与用人单位构建积极的合作关系，让学校的教师进入用人单位进行测绘专业实践，来提高教师的实践水平和综合素质，使教师认识到用人单位的较为先进的科学技术和优秀理念，促进教师的进步，培养与提升教师的专业水平和能力，全面推进人才培养模式的进步与发展。

(4) 建立科学合理的考核机制

积极建立专业教师队伍，使用人单位或实践基地的工作经验丰富、理念先进的测量一线工作人员来到学校，给实习学生提供指导，并与高等院校测绘教师做好交流，取长补短，优势互补，共同进步；为学生与教师提供成长的空间，建立完善科学合理的考核机制，注重过程性考核，考核从平时开始，全面科学地考核学生综合素质和能力。

(5) 健全系列管理制度

完备的实践教学管理制度对实践教学具有明显的规范和保障

作用。完备的实践教学管理规章制度，既有学校层面的实践教学制度规定，又有结合专业特点的具体专业实践教学规范；既包括校企合作制度、实践教学计划的制订、实践教学进度安排，又包括实践教学过程中安全责任制度、教师的注意事项和学生应遵守的要求等。同时，各项实践教学管理制度要执行良好、管理有效，好的制度只有得到有效执行才能实现预期效果，因而，在制定实践教学管理制度的同时，还应出台具体措施，从规范制度的制定程序和制度的执行程序、加大制度的宣传力度和制度执行的督查工作力度等方面入手，从而增强实践教学管理制度的落实。

6.3.3　测绘工程专业实践教学基地建设实践

依托淮海工学院与连云港港口集团共建的沿海综合实践教育基地，测绘学院与连云港港口工程设计研究院有限公司共建测绘工程专业沿海实践教育基地，坚持学校和企业“共建、共享、共赢”的原则，校企双方在构建组织管理体系、人才培养模式、双师型队伍、实践条件等方面取得了良好的实践效果，建立了有利于培养学生测绘地理信息实践能力和创新、有利于教师科研和开发的实验教学体系，构建了符合校企共赢的“上手快、后劲足”应用型创新型高素质人才相匹配的综合性校外实践教学平台。

(1) 构建实践教育基地组织管理体系

① 建立校企联合型的大学生校外实践教育基地校企合作理事会，理事会由主管教学领导、相关职能部门负责人、院负责人及企业专家组成，统筹协调解决实践教育基地的总体规划、建设、布局、实训设备的购置及科学管理方面的重大问题。二级学院根据专业建设的需要，负责基地的具体建设与管理工作。校外实践教育基地建设实行校、院两级管理模式，测绘学院由一名主管副院长领导实践教育基地建设工作，负责本院实训教学管理和实践教育基地建设管理。

② 遵循学校的规章制度，与基地依托单位成立校企合作管委会，制定测绘学院校外实践教育基地管理办法，由测绘工程系与连云港港口工程设计研究院有限公司共同负责具体的基地教学工作管理，专人指导监督，实行责任层层到人的管理方式，保证基地的有效运行。基地设立主任1名，全面负责基地建设与运营，副主任2名(学校和企业各1名)，由校企合作管委会指定人员担任，负责执行基地的运营管理。

③ 建立校企合作及实践教育基地管理规章制度和管理条例，企业参与基地建设并进行监管，为基地顺利运行提供了保障。制定适合校外实践教育基地企业模式的管理制度、分工方法和奖励措施。以专业创新能力培养为主线，针对专业发展最新动向和个性化要求进行实践能力的培养和最新前沿技术的培训。

④ 建立定期召开实践教学会议的制度。完善一系列考评制度和文件，对考评优秀的学生发给奖状、推荐读研、业绩和表现记入学生档案、向用人单位特别推荐，同时奖学金的评定与业绩和表现挂钩，完善考核指标体系。通过广大师生与群众共同参与完善公众监督与管理。

(2) 构建大学生校外实践教育基地人才培养模式

① 以测绘工程学科教师为核心、学生为主体，以基地的企业化运行模式、管理条例、规章制度及培养方案为依据，开展学生科技创新技能、产品研发技能、独立创业技能、工程应用技能、团队合作技能的训练，逐步形成校外实践教育基地有特色的人才培养体系。

② 理论教学的重点内容，主要采用“工学结合”、“项目驱动”、“讨论交流与激励”和“实例分析”的教学方式，将专业岗位技能与知识体系融入理论教学之中。注重培养学生解决问题、创新思维、创新实践与技术综合应用能力，改革学生学习成果的评价方法，注重学生创新实践能力和素质的考核，为成为社会需要的具有创新

实践能力高素质工程师打下良好基础。

③ 基地将实施“校企全程共建共担”的人才培养模式，即校企共同制定人才培养方案、共同建设实践教学团队、共同建设实习实训基地、共同实施专业教学、共同开展教学质量评价。学校对毕业设计的形式进行改革，采取校企“双导师”形式，以公司化＋导师制运作促进技术创新与就业能力训练为主流模式，同时注重人才模式的多样化、个性化、专业化培养，注重培养学生的实践能力、创新能力、就业能力和创业能力。

④ 坚持校外实践教育基地＋校内实训实践平台的“1＋1”实践教学模式，初步建成了校内外统一实训平台。学院采用数字地理信息设备构建的集数字全站仪、数字水准仪、精密水准仪、卫星定位测量系统、海洋测绘系统、数据分析与处理系统等为一体的设备总值 500 万元的现代化测绘综合实践实训系统，作为基地的校内实训实践平台，聘请企业技术专家或具有工程经验的教师担任开放实训实践项目的指导教师，可开出实训实践项目 30 多项。

⑤ 校企共同优化课程设计、专业实习、校内实训实践项目、社会实践、学科竞赛、大学生创业创新训练计划项目、技能培训等实践环节，强化综合课程设计、毕业设计、基地上岗实习等实践环节，注重学生工程应用、创新能力的全方位培养。校企共同组织开展大学生课外科技活动。学院聘请企业技术专家来校对学生科技活动进行全程紧密指导，鼓励学生进行相关实习、社会调查、大学生创新训练计划项目、开放性实验等。

⑥ 积极采用网络多媒体技术，建立测绘工程类“大学生校外实践教育基地”数字化实践教学网站，实现了基地实践内容和过程的视频资料及相关教学大纲、任务书、指导书、思考题、参考文献目录等上网并免费开放。为学生学习提供了丰富的多媒体实践视频培训资料、教学素材和职业技能资料等，实现了优质实践教学资源共享，给学生学习提供了很大帮助。

(3) 建立实践指导教师队伍运行管理机制

打造一支新型的“双师型”师资队伍，通过学校和企业互聘员工，由企业加强在职教师实践技能的培养，使教师深入到企业一线，收集丰富的教学案例，完善知识与能力结构，了解企业对人才的需求，在课堂上有针对性地讲解现代企业生产中常见的问题。学校通过基地建设，聘请技术专家为学校实践教学指导顾问，参与学校的实践教学改革，为学校的实践教学体系建设、实践教学内容充实与完善提出指导性意见。聘请企业技术专家来校授课和讲座，参与实践教学，基地提供专家进行现场培训、集中培训及课程教学。利用基地平台和资源进行师资培训，可为企业进行课程培训，实现学院教师一师双岗。依托测绘学院与港口工程设计研究院有限公司专家，加强“双师型”的师资队伍建设，构建实践教学指导团队，企业兼职教师均来自本专业实践教育基地或合作企业一线的技术专家或管理专家，主要负责指导实践岗位的专业技能和实践教学环节。

(4) 建成大学生校外实践教育基地实践课程项目

依据测绘工程技术的发展，不断调整和更新实践基地课程教学内容，积极探索“教、学、做一体化”的教学改革。为了保证实践教学的效果，在基地进行实践教学过程中，强调基地提供工程实际环境，让学生直接参与工程项目，强调学生创新思维、创新能力与工程实际能力的培养，提高学生的就业竞争力。基地实践教学包括以下内容：

① 基地实习项目：测绘工程认知实习、专业实习、顶岗实习、毕业实习等。

② 基地实训项目：沿海地表形变测量、水准测绘、卫星导航测量、近海航道路线测量、海岸线测量、近海水深测量、方位角度测量、近海底多波束测量、港口工程建设测量、沿海地图数字化、数字海图编绘、数据处理与分析等。

③ 基地课程实践项目：数字地形、大地测量、GPS 测量、海洋工程测量、海洋测量等。

④ 毕业设计：毕业设计是理论与实践相结合的重要方式，选题直指海洋测绘相关技术设计与数据处理分析，是提高学生专业理论水平、业务素质和动手能力的重要环节。

⑤ 大学生创新训练计划项目：强化高校学生创新创业能力训练，增强学生的创新能力和在创新基础上的创业能力，培养适应创新型国家建设需要的高水平创新人才。

(5) 构建大学生校外实践教育基地实践条件

① 为了保证在校外正常开展实习、顶岗实习、勤工俭学、课程实践、实训项目等实践活动，测绘工程专业依托连云港港口集团通信信息工程公司共建开放共赢、机制健全的大学生校外实践教学基地。

② 校企合作共建校内外统一实验实训平台，学生可以从事数字海洋工程、临港测绘工程、沿海形变监测、航道测绘分析、工程设计与测试、平差分析处理等。引入企业真实测绘项目，进行实事求是的真实体验，强化实训实践技能，为企业培养零距离上岗人才。教师可以通过实训平台完成实训、教学及科研需求，提升教师水平。企业可以通过实训平台的建设，培养及储备理想人才，确保企业竞争力。

③ 依托大学生实践教育基地组建学生科技社团俱乐部，聘请基地技术专家和校内专任教师担任技术指导，建立以测绘学院为主体的日常管理机构，由学院提供专项资金，支持学生开展课外科技探索创新和科技服务，提高学生的动手能力与创新精神，增强学生的就业竞争力。

(6) 促进教研、科研项目开发与成果转化

在完善校内实训平台的同时，与企业密切合作，强化教学、科研、生产三者间的相互渗透，建立长期稳定的大学生校外实践教育

基地。选派高水平的涉海研究方向的教授、博士担任校外实践教学基地技术顾问，聘任基地的技术专家担任大学生毕业设计、大学生创业创新训练计划项目指导教师，同时与基地企业联合申报高层次的研发项目，成功合作申报连云港市科研基金项目 2 项，合作取得江苏省测绘科技进步一等奖 1 项，通过校企合作共同实现技术创新和成果转化应用。

第 7 章　实践教学满意度调查与分析

7.1　实践教学满意度理论

满意表示一种心理状态，指的是人的意愿得到满足，也就是人的需求得到满足后产生的愉悦感，是很主观的感受态度。在各种相关研究中，由于研究者研究的侧重点不同，所以很多学者给予满意度的定义也不尽相同。“满意”大致可以概括为两层含义：一层是一种自我感受或者情感态度，人们对社会活动，包括工作、学习、生活所产生的高兴的感受、愉快的感受或者积极的、肯定的态度就是“满意”，而不高兴的感受、烦躁郁闷的感受或者消极否定的态度就是“不满意”；另一层含义的满意是指自己的理想实现，或者愿望达成，或者需求满足，当达到、实现、满足，则表现“满意”，不能达成、实现和满足就是“不满意”。满意度就是满意程度，它能对比出被调查者对所调查事物的实际结果与原定期望值的差距，如果用一个数字来描述这种状态与结果，这个数字就叫作满意度。这里，大学生实习满意度则主要是指大学生对高等院校安排到实践基地实习情况的主观态度体验。

教学满意度是学生对教学活动的感觉或态度，它直接反映了学生在学习过程中希望达到满足的程度。教学满意度是衡量教育教学质量的一项重要指标，同时还可以用来解释学生参与学习活动的动机和参与学习的结果。目前，学术界对教学满意度概念的研究有三种取向:① 满意是一种感觉或态度,是学习者对学习活动的感觉或态度;② 满意是愿望或需求的达成,每个人在不同的生命周期有不同的学习需要或愿望,如果能达成这种需要或愿望,则个人会感到满意;③ 满意是指学习者对学习活动内容、方式、过程及成果的感受或态度,该感受度若符合其期望水准为满意,不符合其期望水准则为不满意。可见,学者们对学习满意度的观点虽然有分歧,但对学习满意度是一种心理感受的观点基本认同。对学习满意度维度的划分主要涉及教师素质、教学水平、教学过程、教学管理、校园环境、自我发展、人际关系等几方面,需要针对不同对象、不同内容、不同事件进行具体分析和研究。

7.2 实践教学满意度调查

随着高校教学综合改革的深化推进,实践教学成为培养和提升大学生专业素质与创新能力的重要途径。实践教育基地为淮海工学院大学生运用课堂所学理论知识提供了一个良好的平台,通过这一平台,大学生不仅可以做到理论联系实际,学以致用,同时也能进一步巩固和加深对课堂知识的理解。在教学改革的新常态下,加强高校实践教学工作,是经济社会发展对人才培养的必然要求,高质量的实践教学是培养应用型人才的关键点。实践教育基地运行效果主要体现在实践教学的满意度上。

7.2.1 调查对象

根据研究和实证调查的需要,以参与实践教育教学的相关人员为主要对象,主要包括实习学生、指导教师和相关教辅及管理人员等。沿海综合实践教学基地实践教学满意度调查对象是校企合作的院系、单位部门、学生和教师等。针对专业实践教育教学项目不同，优化选择反映实践教学状况不同内容，包括实践目的、实践时间、实践指导、实践管理、实践资源、实践流程、实践体系、实践地点、实践环境、实践安全及实践条件等各方面，尽可能反映实践真实满意度。

7.2.2 调查方法

常见的实践满意度调查评价方法主要包括巡视观察法、问卷调查法、访谈交流法、问题答辩法、文献资料法等。在实施工作中，可根据专业实践目标、实践内容、实践性质、实践要求等选择一种方法或几种方法。

(1) 巡视观察法

即指导教师、管理人员等巡视观察学生在认识实习中的表现，给出相应的分数。这一方法虽然主观性特别强，但是在考查实习评价中是很有必要的，特别是在学生实习态度的评价中，巡视观察是一个主要的评价手段。当然为了降低教师主观的影响，可以在实习前制定一个观察表，确定观察点和评价指标。由于学生情况和实习表现的巨大差异，这样的观察表依然具有极强的主观性。同时，由于参与实践实习的学生较多，巡视观察不能成为考察实践教学满意度的主要方式。

(2) 问卷调查法

即通过向学生发放问卷调查了解学生实践情况。根据实践教育规定的研究目的和内容，将反映实践教学状况的内容做成调查问卷，采用随机抽样的方法，向相关的学生、教师、校企职员等进行问卷效度调查等，取得第一手调查数据，经过整理、统计和分析取得关于实践教学效果的满意状况，从而开展相关反思和评价，为未来的实践教学实施提供参考。

(3) 访谈交流法

即实习过程中教师通过与学生进行访谈评价学生。为了减少调查问卷等方法中调查对象与调查内容的单一性以及解决调查问卷中可能会出现的问题题意歧义和缺乏双向反馈的问题，对校企相关参与实践指导的专业技术人员和管理人员以及相关综合实践基地一线人员进行访谈，掌握有效资料从而发现问题，以确保信息的有效、合理、完整。

（4）问题答辩法

即实践教学结束后，首先由学生讲解自己的实习报告、实习内容、实习体会等，然后教师提出针对性的问题，教师再依据学生的回答结合学生的陈述进行评价的方法。

（5）文献资料法

即根据实践效果研究课题的研究需要，利用互联网网络查看中国知网、维普万方数据服务平台等学术网站，通过搜索满意度、实习满意度、实践实习等关键词，借阅图书馆的有关实践教学考查和实习满意度等相关书籍，获得相关资料，并通过对这些资料的整理和分析，系统了解国家近年来实践教学实习现状的发展趋势和改革成果，为课题研究做好准备。

7.3 提高实践教学满意度的对策

实践教学环节是高等教育教学中必不可少的重要组成部分，是将理论学习应用于实践活动，把知识转化为能力的重要桥梁。实践教学是高校应用型人才培养的关键环节，实践教学质量对应用技术型高校人才培养的影响非常突出。

目前，高校在人才培养过程中实践教育教学现状不容乐观，对实践教学环节的重视不够，存在着实践教学技能训练滞后现象，以至于部分大学生虽学了大量的理论知识但走上工作岗位后却无所适从。因此，需要在改革和创新中消除这种理想与现实的冲突，实现学校与企业之间无缝连接，提升高校学生实践教学满意度。为此，淮海工学院顺应“本科教学工程”大学生校外实践教育基地建设之机，加强实践教学领导和管理，针对高校实践教学满意度的现状调查和分析，提出以下策略，促进实践教学的发展。

（1）合理定位实践教学目标

作为培养专业人才的一个重要环节，如果专业实习的目的和意义不符合时代对人才培养的需求，那么实践实习也就失去了它本来的意义。因此，首先要明确专业实践的目的，即在专业实践教育教学中巩固专业思想，检验所学过的基本知识和技能与方法，并在理论联系实际的过程中，对专业教学实践能力和专业素养加以培养和锻炼。同时，通过专业实践，使实习学生在实践过程中加强团队意识和合作意识。

加强对专业实践实习目的的引导：一是要更新观念，充分运用学生群体的心理特征，在学生进入专业学习之初，就应该引导他们做好职业规划与展望。二是要取长补短，每个学生都不一样，有的动手能力差，因此对这部分学生的引导要因材施教，让他们知道，无论做什么工作都要认真，端正他们的实习态度，提高他们实习的积极性。三是有效激励，在社会和院系组织的各种活动中，让学生体会到存在感和成就感，感受到专业实践的重要性，在合适的时机和情境下对学生进行激励，使他们能得到及时、公平的评价和反馈，增强他们认真实习的责任心。

（2）合理设置专业课程体系

专业课程设置不仅影响专业教学的质量，也影响专业学生知识与能力的发展。培养合格的应用型、综合性技术人才，课程设置要依据专业培养目标和毕业要求，以社会、国民经济建设需要为基础，所设置的教学内容既要有科学性、实践性、可操作性，又要有发展性、先进性，对增进学生的综合能力有实效性。

为了培养以“上手快、后劲足”为鲜明特色的应用型专业技术人才，课程设置要全面体现专业知识、能力和素养的发展要求，构建公共基础课、专业理论课和专业实践课为一体的课程体系，全面落实通识、大类、专业三个平台，公共基础、素质拓展、自然科学、工程基础、专业基础、专业必修、专业拓展七大模块的课程体系，形成内容承上启下、相互衔接的专业特色明显的课程群，加强基础知识教育、工程实践教育，坚持实践教学工程化管理，积极走产学研相结合的发展道路，增加实践所占学分和比例，强化实践教学课程的意识，实现学术性和实践性的有机融合，全面加强学生实践能力、创新意识的培养。

(3) 实行三位一体的专业实践组织与管理

专业实践实习不再是院系自己的内部事务，更是与综合实践教育基地学校和地方政府有着很紧密的联系。实践教学领导小组应该由淮海工学院、连云港港口集团及地方政府行政部门三方负责人共同组成，一起领导人才培养实践实习的组织和管理。地方行政部门应当了解沿海综合实践教育基地多方位全面的信息，全面搜集信息并听取合理意见，提高参与度与民主化，参与制定具有前瞻性和对专业实践总体设计与实施具有可行的指导意义与强力支持作用的规章制度与法律文件。而院系则更应对实践教学质量进行监控。一是专业实践实习指导、组织和管理，二是进行专业实践实习评价和考核。沿海综合实践教育基地企业应积极与院系共同协同制定符合实际的专业实践实习的目标计划，并协助严格执行，尽量给学生安排有锻炼意义和挑战性的工作，给学生施展才华的空间，选派优秀的基地指导老师，加强对学生的指导，加强对实习学生的人性化管理，尽职尽责，积极和院系交流和反馈，提高对实习学生的重视和关怀。通过这样的合作管理方式，调动三方的积极性与执行力，不断提高专业实践实习的组织管理水平与效果，提高学生对项目生产实践实习的满意度。

(4) 加强学生实践技能培训

专业实践实习工作要求学生必须既具备所学专业的基础知识、技能,又具备生产实践与合作的综合技能。从专业人才的培养过程看,这是一个长期的、反复学习、练习与提高的过程。加强对学生专业技能的培养,需要多方面的教育教学。第一,对工程项目生产的实践技能进行专门的学习和练习;第二,院系可安排高年级学生参与学校内低年级学生专业实验实习的组织与指导;第三,为了检查学生的基本理论知识和技能,院系可以有目的地在一定时期内对学生开展技能比赛,为实习学生提供锻炼的机会,有助于学生发现自己的不足与缺陷,及时进行改进和完善。

(5) 健全实践指导教师的选聘和管理制度

指导教师必须经过严格选择后才能更好地指导学生实习,才能保证专业实践实习的质量。选拔院系和综合实践教育基地企业指导教师,必须认真慎重,制定明确的选拔标准,如在职称上要有一定的资历,在态度上要责任心强,在知识上要丰富,在能力上要强,专业素养要高等。因为实践指导教师在实习工作中占有重要地位,因此,指导教师可以专职化,让他们拥有充裕的时间和精力对实习进行指导,充分发挥指导教师的积极性、主动性。可以开展外聘与竞争活动,把那些生产项目实践经验丰富的专业技术、管理人员选聘为实践指导教师,充实实践指导教师队伍。在专业实习中,要保证实习指导工作的质量和效果,还应加强实习中对指导教师的督管,将实习监督管理机制落到实处,使实习质量得到有效提高。

(6) 构建过程性评价与综合性评价相结合的实践评价体系

对于实践教育教学效果的评价,院系和综合实践教育基地企业应该采取多主体、多层次、多角度的方法,做到过程评价与综合评价的有机一体。首先,院系应在实习评价机制上做到点面结合,除了在实习工作结束后进行总结和考核,更应该在实习过程中进行评价与指导。院系可以在实习评价体系中，加入各项过程性评价，多方位的制定评价标准，指导实习学生及时强化和改进，从而提高专业实践能力。过程性评价方式可以对实习过程进行监控，学生在实习过程中哪个环节做得不好，哪个方面有待改善，指导老师取得反馈后督促其改进，表现优秀的环节或值得肯定的行为，应进行积极的评价、提倡，从而激发实习学生的主动性和积极性。在评价体系建立中应注意评价者的设置，专业实践实习评价者除了院系和综合实践教育基地企业的指导教师外，还要包括教辅人员、实习小组组长、监督巡查人员以及实习学生等。对于学生实习成绩评定，要结合最终性评价和过程性评价，实行实习过程前、中、后分别评定相结合，不只考虑考查学生上交的日记、报告和总结，而且全面考查实习过程中的平时表现，合理开展的实习成绩评价，健全评价体系，既要反映实习学生的综合素质，更要体现学生在实习过程中的进步和不足。

(7) 加强与实践教育基地企业的互惠合作

整合实践资源是将校院系的实际情况和学生的需要有机结合起来，促进专业建设和发展。实践教学的资源整合不仅包括实习指导文件和纲领、实习组织形式、实习的实施与实习管理模式，还包括影响实践实施的人财物力和硬件设施等物质条件、院系各种氛围和人际关系等精神文化无形资源。院系和综合实践教育基地企业可以加强专业实习资源的环境建设，建立实践教学资源整合的高效管理机制及奖罚制度等。

本着合作共赢、持续发展的原则，加强与综合实践教育基地的互惠合作。一是转变传统观念，学校放低姿态开展与综合实践教育基地企业合作，应该从实际和发展需要的角度出发，设计和安排实践内容，为其科研、实习质量的提高提供到位的帮助。二是可与综合实践教育基地企业签订合作共赢的多方面协议，共同承担对综合实践教育基地培育学生的实践教育教学和管理工作。三是与综合实践教育基地企业共同研究课题，发挥共同的资源与人才优势。四是在物质经济上相互支持资助，共同培养社会、国家需要的应用型、综合性专业技术人才。五是校企综合实践教育基地联合进行考评与督查，对综合实践基地优秀合作院系、单位和部门给予表彰奖励，帮助其他院系、单位和部门找出问题，提出合理整改意见。

7.4　实践教育基地实践教学满意度分析示例

7.4.1　海洋工程测量实践实习

海洋工程是海洋基本科学和相关学科合理利用海洋资源形成的一门综合性技术性科学。海洋环境复杂多变，所以进行建筑物等物体的受力分析时要将各种动力受力因素的特点纳入考虑，将动态变化纳入结构计算思考范围中；基础设计环节中要将周期性的荷载作用和土壤的不定性纳入考虑，并且在材料选择上要考虑经济耐用等。海洋工程对于资源以及资金的需要很大，并且对于安全程度和保密性的要求也很大，所以必须做好严格论证和检验。因此，海洋工程的建设离不开海洋工程测量这一基础性的工作，如海底油气田的开采、海底采矿工程、海底管线和电缆铺设工程、海底打捞工程、海工建构筑物等需要在水下进行定位测量，必须依赖潜水器的配合，采用声学测量系统等特殊的仪器设备。有别于陆地工程测量，海洋工程测量不但利用了陆地工程测量的大部分理论、方法和手段，而且也融会了海道测量的许多内容，属于为海上特殊工程建设需要而进行的专项测量，综合性极强。在沿海综合实践地教育基地开展海洋工程测量实践实习的内容如表 7-1 所示。

表 7-1　　海洋工程测量实践实习内容

实践项目	实践内容	实践能力
港口工程建设测量	① 线路勘测 ② 大型特种精密工程测量 ③ 港口工程 ④ 建筑工程测量 ⑤ 港口厂房施工测量 ⑥ 曲线测设 ⑦ 道路施工测量 ⑧ 码头工程测量 ⑨ 定线与拨地测量 ⑩ 海洋声探测技术	① 地形图平面位置的精度分析 ② 具备线路纵横断面的测绘能力 ③ 正确进行土石方计算 ④ 施工网精度的确立方法 ⑤ 厂房控制网的建立 ⑥ 放样曲线遇障碍时的处理方法 ⑦ 正确进行路基放样 ⑧ 三角网必要精度的确定 ⑨ 正确求算路中线和特征点 ⑩ 正确进行海底测量

通过实践学习，学生对海洋测绘工程技术人员工作特点和性质有一定认知，学习和体验海洋测绘工程技术人员实际情况，学习积累经验和技术，为真正走上海洋测绘工程技术生产单位做好岗前准备。学生熟悉了实际工作过程的运作体系和管理流程，并把自己所学的海洋工程测量的理论知识应用于实践，锻炼了自己的业务能力和社会交际实践能力。基地指导教师给予了海洋工程测量技术生产的全过程、全方位指导，使学生极大地提升了海洋工程实践技能，巩固了所学的知识和理论（图 7-1）。

7.4.2　海洋工程测量实践教学满意度评价

为了掌握学生参与海洋工程测量实践的实际效果情况，考察实践教学满意度，选择资源条件、实践指导、实践态度、操作技能、处理能力和操作考核等六方面进行，利用问卷调查法，对测绘工程专业 2013 级实践教学满意度进行调查，发放调查表 60 份，实收有效问卷表 56 份，收集问卷统计数据如表 7-2 所示。

(a)　　　　　　　　(b)

图 7-1　海洋工程测量

表 7-2　**海洋工程测量实习满意度调查统计表**　单位:份

内容	资源条件	实践指导	实践态度	操作技能	处理能力	操作考核
非常满意	25	32	18	16	19	17
满意	31	18	33	24	20	21
一般	0	6	5	12	13	15
不满意	0	0	0	3	4	2
非常不满意	0	0	0	1	0	1
小计	56	56	56	56	56	56

数据分析如图 7-2 所示。由图 7-2 可以看出海洋工程测量实习的学生对实践教学满意度很高,综合评价介于非常满意与满意之间,其中对资源条件满意度最高,100%同学认为满意,对数据处理能力满意度最低,有 7.1%同学认为不满意,但满意的同学也达到 70%以上。

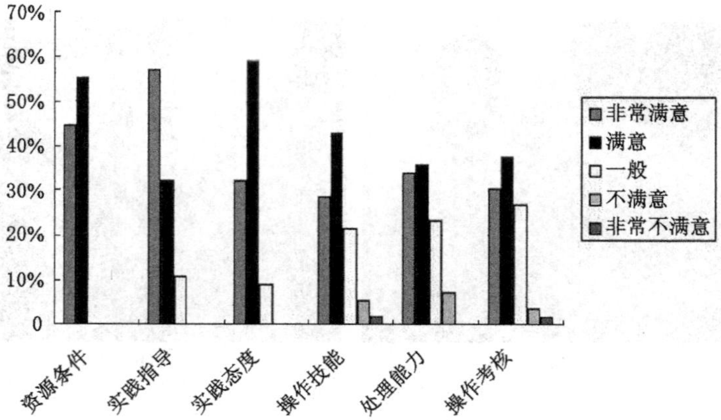

图 7-2　海洋工程测量实习满意度调查分析

第 8 章　实践教学效果影响因素分析

8.1　影响实践效果的主要因素

8.1.1　培养方案的优化性

培养方案是指在一定的现代教育理论、教育思想指导下，按照特定的培养目标和人才规格，以相对稳定的教学内容和课程体系，管理制度和评估方式，实施人才教育的过程的总和。加强落实《教育部关于开展“本科教学工程”大学生校外实践教育基地建设工作的通知》(教高函〔2012〕7 号)的精神，提高实践教育教学效果，必须优化培养方案，完善质量标准，加强合作育人，将创新创业教育贯穿于人才培养全过程，着力培养和提升学生的创新精神、创业意识、创新创业能力和实践能力。

(1) 坚持以学生为中心，落实人才培养质量标准

重点体现成果导向和以生为本的教育理念。各专业进一步加强与行业、企业在人才培养方面的对接，结合学校办学定位、社会人才需求和专业定位，完善人才培养质量标准，明确本专业毕业生应具备的知识、能力、素质要求。以成果为导向，做好人才培养顶层设计，进一步优化课程体系和教学过程，使课程体系设置围绕和支撑培养目标与培养要求的实现。坚持专业规范与专业特色相结合，在遵循国家相关专业指导性规范要求及专业认证标准的同时，

注重结合专业办学条件、地方产业优势和人才需求，合理设置专业方向，进一步凝练和凸显专业办学特色。

（2）坚持实践创新教育，优化人才培养体系

从人才培养全过程出发，对学生创新创业教育进行整体规划和设计。通过完善机制、整合资源，努力营造创新创业文化氛围，着力培养学生的创新意识和创新精神；结合相关课程教学，搭建各类实践训练平台，不断提升学生创新创业能力；加大重点项目培育力度，积极孵化创新创业成果。对学生的创新训练项目、创业实践成果、各类技能竞赛获奖等认定学分后纳入毕业要求，充分发挥第二课堂在创新人才培养中的重要作用。进一步完善实践环节，强化课程设计，增开综合性、设计性实验项目，加强专业实践教育教学，形成层级递进式的实践创新教育体系。

（3）结合专业建设目标，探索应用型人才培养模式

切实确定专业建设目标，大力推进教育教学综合改革，探索立足地方经济社会发展、面向行业企业需求的多元化应用型人才培养新模式，要进一步扩大专业办学的开放度，积极推进校际、校企及国际办学合作，鼓励联合行业企业共同制定人才培养方案、开发实践训练类课程及项目等，通过搭建平台、营造环境、完善机制，形成科教融合、协同创新、合作育人新局面。鼓励条件成熟的专业开展创新创业人才培养改革试点，以及以服务企业专门人才需求为目标的订单式培养等，探索并推广成功经验，进一步彰显应用型人才培养特色。

8.1.2 课程设置的合理性

课程体系是指在一定的教育价值理念指导下，将课程的各个构成要素加以排列组合。教学内容和进程的总和，是各个课程要素在动态过程中统一指向课程体系目标实现的系统。课程体系是育人活动的指导思想，是培养目标的具体化和依托，它规定了培养

目标实施的规划方案。课程体系主要由特定的课程观、课程目标、课程内容、课程结构和课程活动方式所组成，其中课程观起着主宰作用。

课程体系是实现培养目标的载体，是保障和提高教育质量的关键。以学生为中心，在培养上手快、后劲足、会技术、善管理的复合型、实用型人才过程中，必须增加实践课时、建立实践基地、创新实践方法、建设实践评价制度等形式构建实践教学体系，培养学生实践能力。设置合理性课程体系，构建多通道学业路径，促进教学资源的优化配置。进一步加强各类课程的整合与内容衔接，夯实学科基础，灵活专业方向，增大学业弹性，扩大选修比例，完善“通识课程＋主干课程＋实践环节”的课程体系，促进学生自主构建知识体系，调动学生学习的积极性与主动性。加强主干课程教学团队建设，教学资源向主干课程倾斜，真正体现主干课程的核心地位，进一步丰富课程资源，最大限度满足学生选课学习要求。

通过对专业的课程内容设置满意度的调查发现，有的专业课程体系满意度不高，究其所因，一是目前课程设置仍然比较重视专业理论，而对专业技能的重视却不能达到平衡，出现了很多学生对专业理论十分熟悉，但是一到实习环节却频频出现问题的情况，实习能力得不到很大提升，在大学所学的理论知识与实习中所需要的技能存在脱节，实习学生实践时就很不适应。二是在专业课程设置上，公共课、必修课选修课课时比例安排不符合常理，公共课占比较大，而比较有专业特色的课程和选修课占比不够。第三是专业类课程、专业理论课程与实践课程的结合不够紧密，三类课程之间的设置比例不太合理。这三个方面制约了专业课程设置的平衡，所以，必须优化课程设置。依据问卷调查等方式获得反馈，微调课程结构，适当加大专业类课程的比重，并将专业理论课、实践实习课和教学实际紧密联系起来，提高学生的专业素养和能力。

8.1.3 指导教师的指导性

实践教育教学的指导教师，同样是履行教育教学的专业人员，承担教书育人，培养社会主义事业建设者和接班人，提高民族素质的使命。在实践教育教学实习期间，不管是校内实践还是在综合实践教育基地实践，都是由学校的任课教师和相关具有专业能力的技术、管理人员组成的指导教师团队一起对实践工作进行指导，培养教会学生具有专业知识、实践技能和人文素养。

调查发现，学生对高等院校指导老师的满意度要高于综合实践教育基地的指导老师，在对指导老师的评价指标中，老师的指导态度、指导方式满意度相对较高，而指导频率、指导效果和指导能力要低于前者，高等院校指派指导教师在数量上不足，各实习队指导教师较少，难以给每个实践学生以全面指导和关怀。就指导质量来说，有些高校实践指导教师身兼多职，要带队实习，还要回校上课和处理其他事务，在指导时间上不能保证。从指导效果上看，测绘综合实践教育基地的教师指导实习学生，有了较多额外的福利和补助，提高鼓励指导学生实践的积极性。

因此，院系要指定那些思想心理素质高、专业能力强、具有丰富指导实践经验的教师作为实践指导教师。可以将指导实践的效果和质量计入教师工作表现中，并引导指导教师之间进行竞争，使强者有能力者居之。同时，还可以树立专业实践检查监督制度，对实践过程中教师对实习学生的指导做好监督，从而保障专业实践工作秩序顺利进行。专业实践的监督应由院系领导小组开展，及时表扬有优异表现的实习学生和指导教师，并帮助不够认真的学生和指导教师解决困难和问题，处理专业实践中实际存在的难题，切实提高实践效果和效率。

淮海工学院连云港港口集团实践基地指导教师队伍，分别由淮海工学院教师和连云港港口集团的专业技术人员、管理人员共同组成，在人才培养方案实施过程中，实践教学指导采用“双导师制”，始终坚持“实行理论教学与实践教育互通，专兼职结合”的基本建设理念，以打造“教学、科研、实践兼容，创新、严谨、敬业兼备的高水平实践指导教师队伍”为目标，采取有效措施，最大限度地调动指导教师的积极性，不断提高指导教师队伍的整体水平，不断提高校外实践教育的质量。

8.1.4　实践基地的适应性

高校与校外实践教育基地之间要本着互惠互利的原则，充分调动共建参与者积极性，同时要建立相对固定的校外实践教育基地，才能保证专业实践顺利的实施。目前，高等院校的校外实践教育基地建设的确存在着少数问题，一是在教育理念上，专业实践被看作是高等院校单方面的事，培养专业人才是高等院校自己的事情；二是管理部门没有尽责，没有做好高等院校校外实践教育基地建设的协调沟通；三是很多学校领导对专业实习学生实践的态度是随意的，即既不欢迎也不拒绝，只是为了完成任务。有的学校觉得专业实习太多会打扰到学校的正常教学秩序，影响教学质量。除此之外，高等院校与校外实践教育基地平时在科研、教学等方面的联系也不够紧密，很多高等院校建立实践教育基地都是以领导、教师和综合实践教育基地负责人之间为纽带，稳定性不强；有的实践教育基地还存在设备简陋、条件较差、师资薄弱等问题，也增加了专业实践教育基地建设的难度。但是，只要在政府指导下，在给国家培养人才的大目标前提下，高校寻求强有力的龙头企业集团共建实践教育基地一定是共赢互惠的可行思路。

调查显示，淮海工学院与连云港港口集团共建校外综合实践教基地，校企都给力，各学院专业的实践教育教学工作开展优良。各专业实习学生对综合实践教育基地的环境（包括实践指导教师和实习学生以及实习学生之间的交往氛围）的满意度高达为

91.1%,对教学环境(包括办学理念和特色、场地设施)的满意度高达为96.5%、对生活环境(包括饮食、住宿)的满意度为 86.3%,对综合实践教育基地企业对实习学生的重视程度的满意度 81.3%,可以看出满意度都很高,特别是综合实践教育基地的环境满意度达到优秀,大大带给学生积极参与实践的正能量。企业参与培养学生的重视程度的满意度也达到良好以上,说明实践教育基地企业同样期望学生具有生产技术能力,未来到企业生产工作才能无缝对接。

8.1.5 实践时间的适当性

实践教学时间选择的主要依据是培养方案,经过了培养方案的优化制定,实践教育教学的时间确定应当是有计划、有保障的。实践时间应该避免选在学生课业压力繁重的期末和天气较为恶劣的时段,对于室外实训的实践项目,有必要把天气情况纳入考虑范围之内,尽量将专业实践时间选择好,做到既不影响学生其他课程的复习与考试,又能让学生全心全意高质量完成专业实践,也不影响基地企业的正常生产。当然,专业课程的考试可以选在专业实践之后,这样学生可通过实践对专业知识进行总结复习与巩固,从而考出更加满意的成绩,实现理论指导实践再总结提升理论的过程。

8.1.6 实践准备的充分性

(1) 思想方面

实践前首先要做好思想动员和组织准备工作。明确实践实习的目的和具体要求,学习实践守则,注意安全条例,要求严格遵守,为保证实践任务的顺利完成,必须加强组织领导和做好细致的政治思想工作。若是户外实践实习的生活学习条件相对较差,困难较多,要求学生做好吃苦耐劳、敢于克服困难的思想准备，当然，必须有良好的竞争意识。根据实践性质的不同，若是团队实践实习，要求实习队必须是一支战斗性强、纪律性严的组织，在实习队组织指导下，班级分成若干实践小组，小组是完成实践任务的最基本单位，每组设小组长一人，负责小组的分工协调、技能训练和任务完成工作，班委团委继续开展组织管理工作，分别负责学习、生活、宣传、卫生、文体、保密、安全等工作。若是分散顶岗实习，个人独立完成各项准备工作，要有更大提升实践能力的思想准备。

(2) 学习方面

为加强理论与实践相结合，实践教学活动前必须掌握相应的理论知识和操作程序，学习实践任务书、实践指导书等内容，以提高实践教学的效率。采取校内课堂讲授，野外现场进行教学实践的方式，要求学习致用，活学活用，结合内容对理论知识巩固学习。在实践期间，结合现场教学所讲内容进行预习和复习。实践期间的政治学习结合实践任务的要求进行，并借助看电视、读报纸、参观及座谈等方式进行时事政治的学习。

(3) 计划方面

为了让学生高质量地完成实践实习，必要而完整的计划准备是非常必要的。实习小组必须要做好仪器分配计划，确定和制定合适而高效的实习时间与实习计划，做好意外情况突发的预警和处理方案。指导教师应召开实习动员会，全方位明确实习的目的、内容、时间、作用意义以及相关注意问题。

在综合实践教育基地实习，学生不仅要接受院系教师的指导要求，更要接受综合实践教育基地企业指导老师的严格要求，遵守基地的全面规章和注意事项，一切听从基地专业技术导师和管理导师的指导和安排。加强院系与企业、院系老师与基地企业老师的合作交流，为学生实践教学实习做好最充分的准备。

8.1.7 实践内容的丰富性

学生的每次实践都是对专业理论知识的检验和对自己专业动手能力的提高,因此,实践内容就成了关键所在。实践内容的丰富性保证了学生能在完成相关专业课实习的同时,对以往所学知识有一个从上而下的整体的格局观,从而将前后所学知识串接起来,慢慢形成系统而全面的认识,达到最大程度理解和升华自己的专业知识和专业能力。因此,实践内容的丰富性对于学生的发展和成长起着重要的作用。如果每次实践都能丰富起来,都能将学生的知识从上而下的串联起来,使学生在每次实践中收获的不会仅仅停留在一门或者几门专业课上,而是从点到线,从线到面,对学科专业总结形成一个整体的概念,这样就能最大化实现专业实践教育的意义,对学生做到最大的提升。

淮海工学院与港口集团共建实践教育基地,相关院系各专业为了实现培养应用型、高素质专业人才,重新修订了实践基地培养方案,开展了专业教育、认知实践、课程项目实习、专业实习、项岗实习、毕业实习和创新实践等系列实践教育活动,而且每项实习都涉及多个作业、工序等技能实训,可以说,实践教学内容丰富。

8.1.8 实践管理的规范性

科学的组织和管理是保证实践教育教学质量的重要前提。运行机制是建设大学生校外实践基地并使之可持续发展的保障。在实践探索的基础上,淮海工学院—连云港港口集团有限公司大学生实践教育基地不断完善创新基地管理运行机制,并重点在建立管理机构、实行项目管理、实践教学经费分担与保障、激励队伍政策、产学研合作成果共享等方面加强建设。

(1) 完善组织架构,实现高效运行

淮海工学院和连云港港口集团共同确定了大学生校外实践基

地管理委员会为基地建设与管理的最高权力机构，下设办公室处理日常事务。

各二级学院与各子公司将根据实际建立健全相关管理组织机构。如计算机工程学院已经成立了相应的组织。计算机工程学院与通信信息工程公司、电子口岸信息技术有限公司共同建立计算机类软件人才实践教学基地分管理委员会，管理会主任由计算机工程学院院长和两家公司的总经理担任，分管理委员会下设实践教学办公室。学院实践教学办公室主要邀请公司专家到学校参与培养方案的研讨和制定，制订实践教学的工作计划，安排和接待企业工程师到学院指导实践教学，安排和派送学生到公司参加各类实践教学，帮助企业工程师做好学生组织、管理，配置校内指导教师，指导企业工程师做好实践教学的过程管理、质量保证与成绩评定；公司实践教学办公室主要根据学院工作安排组织专家到学院参与制定培养方案，根据人才培养方案制定实践教学实施方案，确定指导实践教学活动的企业工程师，将实践教学任务和方案下发到具体部门和人员，统一安排学生到公司参加各类实践教学活动，督促和指导工程师的具体工作与成绩评定，做好学生在企业期间的管理工作和指导工程师的管理工作。

(2) 规范制度建设，实行项目管理

建立项目管理制度，实行实践教学环节的项目管理制度。校外大学生实践教学基地建设项目将分解为各个子项目，确立子项目负责人。各二级学院将根据人才培养中的实践教学方案，明确各实践教学环节组织、运行、控制、评价的直接责任人。

根据项目管理要求，修改和制订实践基地教学工作、安全工作、学生管理、指导教师管理等有关制度和规定，建立校外实践基地各类人员的岗位责任制。结合淮海工学院和连云港港口集团的实践实训环境和条件，采取“逐条实施，逐步到位，逐项见效，逐年规范”的措施，将实践基地建设落到实处。

8.1.9 实践经费的保障性

经济基础决定上层建筑，校外实践教育基地实习经费是一个不得不提的问题，也是专业实践要解决的问题之一。适度提高实践经费可以在一定程度上调动实践学生与指导教师的积极性，还便于处理那些突发情形，保证实践的稳定，更重要的是充裕的实践经费能够保障实践有条不紊地进行。政府、高校和企业共建实践教育基地必须有经费的保障，才能确保实践基地的稳定运行和发展。

淮海工学院和连云港港口集团共建国家级大学生沿海综合实践教学基地，在国家财政资金的支持下，以淮海工学院为主，校企共同分担实践教学基地建设经费，保障校外实践教学基地建设计划的全面实施。

学校设立专项配套资金，用于国家级大学生实践教学基地建设。连云港港口集团拨出专款，进一步完善实践教学环境和条件，并对实践基地的学生给予适当生活津贴。学校严格实践教学基地各类建设资金管理，实行统一规划，分年实施，单独核算，专款专用，专项管理，确保资金使用效益。

沿海综合实践教学基地建设总经费 500 万元。① 国家财政资助 200 万元，主要用于人才培养方案和实践教学体系构建、实践教学课程教材开发、企业实践指导教师培训、实践教学信息平台、实践教学基地实践教学管理机构运行、实践教学质量评估、安全设施和学生交通工具等软硬件条件建设等。② 淮海工学院提供配套建设资金 200 万元，用于实践教育基地师资队伍建设、实践课程体系建设、实践教学教材建设、实践教学指导教师激励和学生实践交通补助等。③ 连云港港口集团有限公司配套建设资金经 100 万元，用于实践教学基地安全条件、现场教学设施、教学管理以及实践指导教师补助等支出。

8.2　大地测量学基础实践教学分析

大地测量学基础是测绘科学及其相关学科的基础，对发展地球科学和空间科学与加强国民经济建设、国防建设和安全监测以及社会保障都有重大意义，在测绘专业高素质人才培养中举足轻重。它主要是确定地球形状、大小及外部重力场及精确定位地面点，为社会和科技的发展提供大地基准和地球空间应用等方面的信息。

沿海大地形变测量实践教学实习属于大地测量学实践教学实习项目，通过沿海实践教学基地的全面实践，经过校企指导教师的联合指导，学生得到工作化、项目化实践实训，全面完成控制点设计、选点、观测、数据处理及分析等作业内容。图 8-1 所示为外业观测实践。

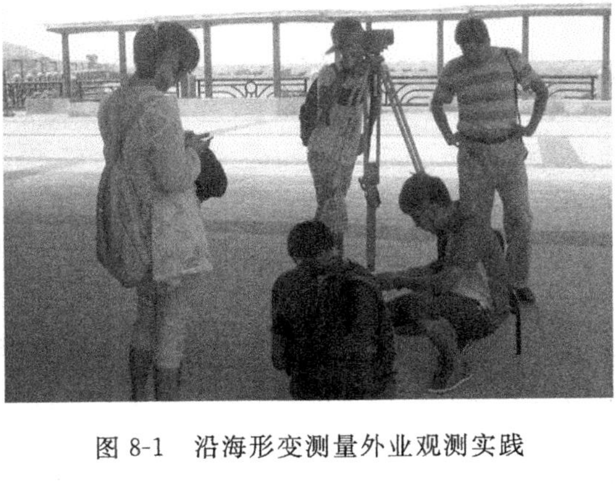

图 8-1　沿海形变测量外业观测实践

测绘工程专业大地测量基础实习自淮海工学院与港口集团共建沿海综合实践教育基地以来，连续多年在基地全面实施和进行。

通过全过程的实践与工作，学生巩固了理论知识和测绘技术，践行实事求是的工作态度，培养团结协作的意识，树立敢为人先的信心，落实培养方案，课程设置合理，联合指导给力，基地环境合适，实践时间适宜，实施准备充分，实践内容充实，实践管理规范，实践经费保障，取得了优良的实践教育效果，全面提升大地测量学基础专业知识、测绘技能和人文素质，提高分析问题、解决问题的能力。

8.3 实践教育基地联合制定的实践阶段培养方案示例

淮海工学院与连云港港口集团高度重视学生实践阶段培养方案的制定，双方对接单位根据各自专业及企业单位的实际情况，组织多次工作会议，共同制定实践教学培养方案，共同确定实践内容、时间安排和工作计划安排，共同指定业务能力强、责任心强的人员作为实践指导教师，确保实践教学培养方案充分体现应用型人才培养目标。

8.3.1 物流管理专业校外实践阶段培养方案

(1) 培养目标

本专业培养具备扎实的经济、管理理论基础，系统掌握现代物流管理的理论知识和基本技能，拥有物流业务运作管理、物流系统优化与决策、物流系统规划以及港口物流管理等能力，能在国内外各类物流企业、工商企业和其他组织从事物流管理工作的应用型、复合型物流管理人才。

(2) 培养模式

根据校企合作、联合定制的特点，在第四学年第八学期实施校外顶岗实践人才培养新模式。校外顶岗实习，有利于培养学生既具有较强的业务工作能力和职业操作技能，又具有爱岗敬业、踏实肯干、谦虚好学和与人合作的精神，能够胜任国际物流实务相关岗位工作。

(3) 培养内容

通过顶岗实习，培养学生集装箱运输管理、国际货运代理、港口业务管理等方面的专业知识与专业技能，以及职业道德、工作能力等方面的综合素质，具体内容见表 8-1。

(4) 培养安排

时间安排：第四学年第八学期。

培养地点：连云港港口集团。

培养说明：

① 学生第四学年第八学期在连云港港口集团进行半年的顶岗实习期间，学生的学籍管理权在学校。顶岗实习期间，学校、企业和学生三方签订实习协议，学生应遵守企业的管理制度，服从企业的合理安排与管理。

② 实行双导师共同管理责任制。第一导师为学校指派的导师，第二导师为连云港港口集团指派的业务经理。根据培养内容，港口集团与学院签订书面责任书，主要负责对学生的职业培训工作，负责学生的实训安全教育、岗位责任教育、爱岗敬业教育。

③ 定岗实习期间学生日常考核管理。学生每次到港口集团实训，所在部门对学生进行正常的日常考核管理，保证学生顺利完成实训任务。

(5) 考核方法内容和方式

① 提交定岗工作日记。

② 提交定岗所在单位的定岗实习鉴定书，否则实习不予认可。

③ 提交定岗实习报告。

实习报告中不仅要包括定岗实习中涉及的主要内容，而且要对实习单位存在的问题进行分析并提出相应的对策。实习报告内容不得少于6000字。实习成绩由双导师依据学生在实习中的表现和实习报告质量按“优、良、中、及格、不及格”五级分制综合评定。

表 8-1　　物流管理专业实践培养内容

序号	岗位	工作任务	职业能力
1	集装箱运输管理员	1. 集装箱货物的装载与交接 2. 集装箱码头装卸 3. 集装箱船舶配积载 4. 集装箱码头业务管理 5. 集装箱进出口运输业务 6. 集装箱货物运费的计收 7. 集装箱运输单证业务 8. 国际多式联运业务	1. 掌握集装箱货物的流转程序和装载的方法 2. 掌握集装箱装卸的工艺方案 3. 集装箱船舶预配图的编制及配载图的审核 4. 集装箱码头作业计划、调度及集装箱码头堆场业务管理 5. 掌握集装箱进出口运输业务流程 6. 掌握集装箱不同交货方式下的费用结构 7. 掌握集装箱运输的主要单证 8. 国际多式联运单证、一般流程及运费
2	国际货运代理操作员	1. 制定货运代理的营销策略 2. 国际海上货物运输 3. 港口库场管理、港口装卸工艺以及码头生产计划与调度 4. 集装箱运输与国际多式联运 5. 进出口货物报关 6. 散杂货、集装箱码头操作与管理 7. 货代、船代	1. 能够独立开展报关和报检业务的能力 2. 掌握港口法、海商法等相关法规及海上货物运输保险、货物理赔等有关知识 3. 能够掌握报关和报检程序管理和商务管理知识 4. 能够具备处理国际货物运输业务和运输组织的能力 5. 能够具备国际货运运输的经济分析、经济核算、成本核算等方面工作的能力

续表 8-1

序号	岗位	工作任务	职业能力
3	港口业务管理员	1. 船舶代理业务 2. 港口库场业务 3. 理货业务 4. 散杂货、集装箱码头操作与管理 5. 港口市场调研与开发 6. 港口经营管理活动的评价	1. 能编制船舶计划 2. 能编制装卸作业计划、库场计划、集疏运计划 3. 能编写装卸船作业签证、单船小结、离港报告 4. 能办理船舶进出港、船货单证手续 5. 能办理各货种的理货业务 6. 能进行港口库场的管理与组织 7. 能进行货物丈量和衡重，能进行货物码垛、堆场策划及堆场堆垛

8.3.2　计算机类校外实践阶段培养方案

计算机工程学院按学校专业大类培养思想，与连云港港口集团通信信息工程公司、电子口岸信息发展有限公司共同制定校外实践教学方案（部分），详见表 8-2。

表 8-2　计算机类实践培养内容

实践课程项目名称	学分	时间	学期	适用专业	目标与内容
嵌入式系统综合课程设计	2	2 周	7	计算机科学与技术专业	巩固学生所学的嵌入式系统知识，能够根据给定的课题开展综合课程设计，建立嵌入式系统环境，完成嵌入式系统设计和嵌入式软件的开发，掌握嵌入式系统设计与软件开发的基本方法

续表 8-2

实践课程项目名称	学分	时间	学期	适用专业	目标与内容
嵌入式系统工程实践	2	2 周	7	计算机科学与技术专业	巩固学生对嵌入式系统原理、嵌入式系统接口技术、单片机等相关知识的理解，能对具体应用从硬件设计、元件选择、焊接调试、软件开发、系统测试等各环节有比较全面的实际训练，掌握嵌入式系统设计、开发、调试的基本方法与技能
网络工程与管理实训	3	3 周	6	网络工程专业	巩固学生对计算机网络、网络管理技术、网络工程等基本知识的理解，掌握企业网络实施流程，利用思科交换机、路由器搭建跨网段网络架构，掌握基于 linux 的网络服务的架设和常见服务器的部署，掌握 linux 下与 windows 平台的资源共享及与数据库的运用，掌握网络服务器的安全配置策略与网络防火墙的使用，实现 Windows 与 Linux 服务的互通，并实现常见的网络服务
3G 移动互联网开发（Android）	5	5 周	学生假期自愿申请	计算机类各专业	学习和掌握 Android 系统和以 Java 平台开发技术为基础的 3G 移动应用开发技术，通过 Android 游戏和其他应用程序的开发，掌握手机应用产品的开发过程、开发模式、行业技术规范，具备 Android 开发工程师的职业素质
Java EE 开发	5	5 周	学生假期自愿申请	计算机类各专业	巩固学生面向对象分析与设计知识，根据企业的开发案例，利用 JavaEE 开发技术和开源的 JBoss/Tomcat 中间件服务器，采用 Struts/Hibernate/Spring 框架，完成实际应用系统的开发，具备 Java 开发工程师的职业素质

续表 8-2

实践课程项目名称	学分	时间	学期	适用专业	目标与内容
嵌入式linux应用软件开发实训	5	5 周	学生假期自愿申请	计算机科学与技术专业	巩固学生对嵌入式系统和 linux 相关知识的理解，根据企业实际的嵌入式系统应用软件，构建系统的开发环境，完成 UI 设计和系统的编程、调试，具备嵌入式系统开发工程师的基本素质
毕业实习与毕业设计	3＋8	3 周＋13 周	8	计算机类各专业	毕业实习与毕业设计采用捆绑方式合并到一起，可以采用校企联合毕业设计 校企联合毕业设计由学生到企业参加实际项目的研发，由公司选派经验丰富的工程师作为主导师，学院选派教师作为副导师，共同进行毕业设计的指导。联合设计必须遵守学院毕业设计的相关规定，同时也必须遵守公司的规章制度和保密制度。毕业设计的课题选用由“校企实践教学办公室”审核通过的，企业需要开发的实际项目或已开发的有价值的项目案例。企业工程师指导学生按照行业规范和企业标准进行系统的开发；学院教师协助做好学生的设计指导和过程管理工作，并指导学生按照学校规范撰写好毕业设计论文。毕业答辩由“校企实践教学办公室”确定具体安排和评分标准，可以根据需要安排在企业内进行。毕业设计成绩由主导师和副导师共同评定，其中主导师、副导师权重分别为 0.6 和 0.4

第9章　实践指导教师工作模式优化分析

9.1　实践教育基地实践过程特点分析

(1) 学生实践前后心理变化分析

高校学生在进入实践基地实习前后，心里想法会有所变化。实习前，大多数实习学生都希望到实践基地实习，提高自己的理论知识水平、专业能力、动手操作能力、社会交际与处理能力等，更多的期待获取一定工作经验，为以后的工作打好基础。但是，进入实践基地后，学生会明显发现与自己的想象存在很大不同，例如工作强度和工作量的增强、实践基地较校内地域较大，求助问题时不能及时得到反馈，以及生活琐事等方面有可能出现一些问题，这些问题对第一次进入实践基地实习的学生来说是不小的检验。大部分实习学生应该能正确看待差异，及时适应实践基地的实际情况，顺利完成实践，而心理素质不高的学生可能会出现心理问题，心生芥蒂，影响实践的正常进行等，这是社会的普遍现象，正是“在家千日好，出门时时难”，这些问题都有可能会出现。因此，实践指导教师帮助实习学生做好从校内实习到校外实践的过渡至关重要。

(2) 实践基地情况复杂化影响分析

目前，国内校外实践实习地点大多安排在实践基地、校内和合作单位。实践教育基地不同于校内的熟悉与实践单位的相对单一，它作为一个现实实践基地，地域相对来说较广，人员对学生来说相对陌生，地方大了难免会产生管理疏漏，再者，实践教育基地相对专业其他实践单位来说人员流动复杂，人员身份也相对复杂，相应地就会出现很多不可控情况，因此要做好不可控情况的预防和突发处理。实习学生是实践基地实习的主要接待人员之一，实习学生进入实践基地后，要能够相对独立地完成实践工作，这对高校学生来说，有一定的体力及脑力要求。

因此，在实践过程中指导教师应该认真履行职责，监督管理实习学生认真实践，以便能够顺利完成从学校到综合实践基地的角色转变。

(3) 校外实践实习强度变化分析

实践基地的实习工作相对其他实习来说，工作任务明确，工作强度明显变大，工作量也变大，特别是一些实习需要学生长时间蹲守仪器，保护仪器的安全，就需要全程看护仪器设备直至实践完成，即使是夜晚也要全程看护，因此，实习学生在实践基地的实践劳动强度大，连续几个或者十个小时可能在野外工作。这对于很少参与高强度劳动的大学生来说是比较难以接受的，此时，就有可能出现一系列身体和心理问题，因此就应该要有工作经验丰富的、心理素质高、循循善诱的实践指导教师对相关学生进行及时开导，及时解决这些问题。

(4) 校外实践活动突变情况分析

实践基地企业除了直接接待专业实习学生的实践之外，更有企业的生产运营工作，它们存在着一套运营管理程序和流程，实践教育基地往往在接待学生实践时，更要同时开展自己的日常运营活动。如此一来，实践教育基地的人员相对复杂，大学校园中的高校学生的社会经验与阅历较少，对于实践基地复杂的人员流动与人际关系往往难以从容面对，突发状况也难以独立处理。因此，实践基地实习工作对高校学生来说有一定的社会交往压力，无论在身体上还是心理上都是一个相当大的挑战，此时，教师的辅助作用显得尤其重要。

(5) 实践基地实习的评价因素浮动

实践基地实习学生实践工作的好坏评价体现在学生工作的整个过程中，呈现出动态、非固化的特点，往往由实践教育基地的管理人员反映给实践指导教师，指导教师难以做到直接监督巡查实践学生的实习情况，这就会造成不够直接的问题，为实践指导工作带来了阻碍。因此，教师只有深入实践现场，才能增强实践评价的全面性与准确性。

9.2 沿海综合实践教育基地师资构建

正由于实践教育基地实习会出现不利于学生实践教育活动的特点和状况，实践教学指导教师队伍的确是实践教育基地建设的基石。淮海工学院—连云港港口集团有限公司共建大学生综合实践教育基地，充分认识到实践教学队伍建设的重要性，校企双方致力于实践教学指导教师队伍的建设和管理。为保障实践教育基地工作的顺利进行，进行基地实践教学师资队伍的科学规划，制定激励政策，采取有效措施，更新观念，创新机制和体制，着力建设一支高水平的实践教学指导教师队伍。

9.2.1 基地依托单位师资建设

(1) 推行实践指导教师选派与培训制度

实施“双师互聘制”，制定实践指导教师选派制度，实现共建单位之间优秀教师与业务骨干的遴选。指导教师由共建双方共同选派。选聘热心实践教育教学，具有一定实习实训指导经历，有高度社会责任心，教学效果好的现场工程技术骨干、管理人员或能工巧匠为实践教学基地的指导教师。

从依托单位选聘管理与技术人员为实践指导教师，加强教师基本素质的培训，并着重进行教学法培训，提高其教学水平，使依托单位实践指导教师具备从教能力。加强对实践指导教师制定实践教学计划、规范组织实践教学能力的培训，加强引导、调动学生学习积极性、具备综合评价学生的实践教学能力训练。着重把教师“实践教学指导能力”培养作为实践指导教师队伍建设的重要内容。

(2) 建立实践指导教师考评与激励制度

建立实践指导教师考评制度，实行择优动态考核机制，遴选优秀人才担任实践教学指导教师，保证教学质量，实现实践指导教师队伍的不断优化。制定政策措施，定期开展实践指导教师工作考评，并根据大学生实践教学工作指导绩效，实施以业绩为主的有效激励政策。

9.2.2　学校师资建设

学校始终坚持“实行理论教学与实践教育互通，专、兼职结合”的基本建设理念，以打造“教学、科研、实践兼容，创新、严谨、敬业兼备的高水平实践指导教师队伍”为目标，对实践教学队伍建设提出了基本要求。

(1) 优化实践教学队伍配置。

学校出台相关措施和制度，全力打造一支“双师型”教师队伍。按照应用型人才培养目标统一规划师资队伍建设，实践教学指导教师队伍建设纳入学校发展战略实施。制定实践教学指导教师工作量倾斜政策，要求所有具有丰富经验的教师必须承担校外实践教学指导工作，特别是青年教师担任实践教学工作。将教师担任实践教学工作的情况与其教学、科研成果的考核相结合，用政策引导实践教学队伍的建设。

(2) 规范专兼职实践指导教师聘任工作

根据实践教育基地发展和教学、科研任务，通过多种途径和形式向校内外聘请具有深厚且扎实基础理论知识、精通本专业业务、实践经验丰富的高水平专家担任兼职指导教师，同时加强兼职教师聘任工作的规范化管理，拓宽实践指导教师聘任渠道，促进实践指导教师资源合理配置和有效利用。

(3) 建立定期培训制度

鼓励教师进行挂职锻炼和实践，使之既能积累丰富的实践经验，又能将所掌握的理论指导实践，提高实践能力和教研水平。

针对工程实践能力要求，建立定期培训制度，持续提高教师队伍的实践能力、科研水平、学历层次和业务素质。

① 企业生产实践培训，鼓励教师努力获取各类资格或技术等级证书，确保实践指导教师具有"双师"素质。

② 实行以老带新、学徒制等形式，重点培养中青年教学骨干。

③ 知识技能更新培训。鼓励教师参加新技术、新规范、新工艺、新材料等各类专题讲座和培训，使教师的专业知识、专业技能及时得到补充和更新。

④ 开展国际师资交流。选派教师到国外知名大学或企业进修，或邀请国外工程技术专家、管理专家，开展学术交流，以提高实践教学教师的整体素质。

(4) 用制度保障队伍建设水平

完善调动教师积极性的激励政策。实行实践教师队伍建设经费投入高于学校事业费增长措施，通过人员培训、合作交流、资源开放、成果共享等方式，努力提高实践教学队伍的综合素质和实践能力，建设一支稳定的高水平实践教学指导教师队伍。

淮海工学院—连云港港口集团有限公司大学生沿海综合实践教育基地实践指导教师队伍建设的总体框架如图 9-1 所示。

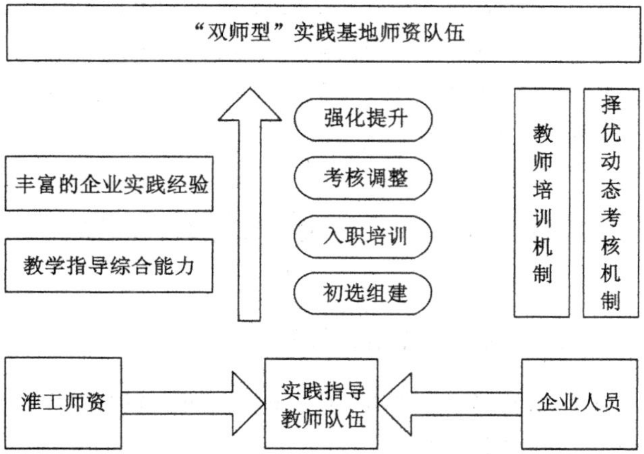

图 9-1　实践指导教师队伍建设总体架构

9.2.3　不断优化实践教学师资队伍结构

高素质的实践教学队伍是高质量实践教学的保证。以国家级大学生实践教育基地建设为契机，多管齐下，建设一支“双师型”素质的实践指导教师队伍。聘请企业的优秀管理者和技术人员作为相关专业教学指导委员会成员以及兼职教师，建设稳定的兼职教师队伍。通过制定相应的政策，采取有效的措施，鼓励学术带头人或高水平教师投入实践教学工作，鼓励高学历年轻教师走进企业挂职，不断提高具有企业工作经历的教师比例。

制定到企业轮训的制度，有计划地定期安排教师到企业挂职，使教师提高工程实践能力，不断更新工程实践知识，掌握新的实践技能，丰富工程实践经验；通过建立长效机制，实现实践教学与理论教学队伍互通，教学、科研、技术服务兼容，核心骨干相对稳定、结构合理的实践教学指导团队，形成年龄、职称、学历等比例协调，校内外融合，具有凝聚力和竞争力的实践教学指导队伍。

通过产学研合作的方式，聘请校外实践基地的高管、技术人员来校担任学生专业实践和科技创新活动的指导教师，一方面使学生所学的理论知识能更好地联系生产实际，另一方面把企业的先进技术、生产、管理理念传授给学生。

9.3 实践指导教师工作模式优化分析

9.3.1 实践指导教师工作模式思考

开展实践指导教师“四步”工作模式，切实解决综合实践教育基地实习出现的各种问题。

(1) 实践指导工作的认识了解阶段

这个阶段需要实践指导教师深入走访实践基地。实践指导教师工作的前提是首先要充分了解综合实践教育基地基本状况，然后是针对性地给不同的实习学生做好安排，安排好最适合他们的实习方式和实习地点。实践指导教师在深入了解实践单位的过程中，应深入了解实践基地环境、经营管理、效益前景、可能给学生提供的实习地点。对学生的关怀及重视程度、生活条件及薪酬福利等，做好针对性的计划，克服不利因素影响，建立良好的合作关系。

(2) 实践指导工作的准备阶段

实践指导教师在对综合实践教育基地的基本情况有一定了解后，就应开始着手做好实习前的准备工作，包括：实践指导教师心理上的准备、实践指导教师身体上的准备和教师专业素质的准备。对于教师来说，指导实习也是对自身专业知识、工作安排和心理素质的考验。

① 教师心理上的准备。实践指导教师到综合实践教育基地进行实践指导，生活和工作环境的变化，实践基地实习指导和校内指导工作方式的变化，离家工作会出现各种问题，因此，实践领导

小组必须做好对实践指导教师们的动员，让他们做好一定的心理准备，对所有可能出现的问题做好准备，以便能够及时采取措施进行处理。

② 教师身体上的准备。实践指导工作区别于大学校园里进行的课上教学，教师在实践基地进行专业实践指导需要大量的时间和精力对实习学生的实习情况、实习效果进行监督和检查，对实践过程中出现的问题进行指导，这对实践指导教师的身体素质有较高的要求。除此之外，实践指导教师还要在实习学生专业知识以及心理素质方面进行观察辅导，出现问题时要第一时间帮助实习学生，因此，综合实践教育基地的实践指导工作的体力劳动较大，一个实习学生尚且需要每个实践指导教师面面俱到给予重视更何况是多个学生，所以要求指导教师的身体素质过硬。

③ 教师专业素质的准备。面对较复杂的综合实践教育基地工作环境，教师应该及时加强对综合实践教育基地工作内涵的重视，提高自己的专业知识，熟悉综合实践教育基地的经营管理知识等，针对不同实践作业工序各自特点制定合理切实有效的实习计划。此外，实践指导教师也要注意学生在实习过程中的心态变化，因此，实践指导教师要尽可能对心理学等领域的知识有一定掌握。教师还要保持与实践基地企业主管人员的沟通，因此，教师必须具备较高的交际能力。

(3) 实践指导工作的指导方式

在实践基地的实习指导中，教师的指导方式多样，包括挂职锻炼、顶岗指导、用人单位兼职、轮岗工作等工作形式，这样可以对实习学生的实习效果和实习进程进行监督管理。教师参加实习不仅在一定程度上保障了实践效果和质量，还能深入认识专业的发展情况、专业工作中存在的较为普遍和急需解决的难题，以此为课堂教学内容的充实、为教学方法的改进、为专业教学体系的丰富和完善做好准备，从而提高日后专业教学的社会适应性。

① 挂职锻炼。挂职锻炼是专业教师对实习进行指导的比较有效和直接的方式之一，挂职锻炼对于实践指导教师眼界的开拓和专业理论知识和技能的提升充实有很大帮助，除此之外，对及时更新系统观念和教学的反馈也有帮助。挂职锻炼对专业教师来说是指专业教师到实践基地或者用人单位担任某项职务，对时间的要求一般要满足数月及以上。专业教师在实践基地进行挂职锻炼时要对某项工作具体负责，还要对实践基地的研究项目和实践基地员工的实践有一定参与度，以此对个人本身的专业理论知识进行一定丰富和充实。进行挂职锻炼与指导实习对于实践指导教师来说可让他们与实习学生保持近距离接触，对处理实习现场突发状况有很大裨益，同时也能提高教师自身专业素质。这种指导方式对教师有一定挑战性，因此领导小组要选用高校中那些综合素质比较高的教师，通过此种指导方式的锻炼，他们也会得到一定的成长和发展，能获得一线实践基地或用人单位的实践经验，对专业认识的深度和广度都有一个大的提升，有助于日后的教学研究探索。实行挂职锻炼要做好引导和鼓励并制定有效而合理的引导鼓励机制。院系对于教师到实践基地的挂职锻炼可以纳入科研工作的绩效评价体系，对挂职锻炼中表现优异的教师进行嘉奖和鼓励并进行引导，以此来一定程度上端正教师到实践基地挂职锻炼的态度并提高他们的积极性。

② 顶岗指导。顶岗指导要求教师与实习学生的共同参与，在实践基地或者用人单位，实践指导教师和实习学生共同生活共同实践，面对面交流经验与心得。实践指导教师在顶岗工作的同时能够对实习学生实践过程中出现的所有困难和问题悉心处理与意义解决，这对师生双方都是有益的，能够帮助双方齐进步齐发展。这种指导方式特别适合刚刚加入教学的教师，他们对理论知识有一定储备，但缺乏对专业的实践工作的工作经验和理解。实行顶岗工作与指导实习同步的方式，能够帮助实践指导教师提升个人

综合素质，包括丰富理论知识，提升实践教学能力以及提高对学生实习工作的认识。与此同时，年轻教师与学生之间保持良好沟通，也有助于教学工作的进行。

③ 实践基地兼职。实践基地兼职是指教师在进行学校日常生产教学工作的同时，去实践基地践行实践的辅导和帮助工作。实践指导教师采用兼职的方式指导实习学生，可以较为清晰地观察到实习学生的动态，旁观者清，当局者迷，从旁观者的角度落实实践指导工作，既能够对实践基地或者用人单位员工和实习学生日常工作情况工作流程有一定认识，从而对实践工作项目规程和工作流水线有一定熟悉，还能够从所见所闻中归纳出自己对专业的认识，并对教学相关内容进行总结，使自己的理论知识和实践教学体系得到完善与提高。

④ 轮岗工作。由于综合实践教育基地的行业特殊性，要求实习学生所掌握的技能也不一而足，过硬的理论知识、良好的升提素质、吃苦耐劳的精神、灵活多变的大脑等等这些必备的专业素质能力都是工程专业学生都要掌握的。对于实践指导教师来说，这些实习学生必备的专业素质和能力都必须具备而且要求更高，这样才能保障实践指导的高效率的进行。通过以往的指导方式的探究，轮岗工作被证明是实践指导教师提升技能掌握度的极有效的形式之一。轮岗工作的内容是指导教师在指导实习期间，在实践基地或者用人单位不固定岗位，定期轮岗，这样可以对实践基地或者用人单位的实习进行情况有一个总体认知，提高对实际工作的认识；此外，实践指导教师轮岗制也有利于实践指导教师对实习学生进行及时帮助，方便实习学生对教师进行咨询。

（4）实践指导工作的总结阶段

① 评定学生的实践成绩。实践结束后，实践领导小组和实践指导教师应与实践基地企业、部门管理人员一起对实习学生的实践效果、实践成绩等进行评价与考核。

② 评定教师的工作成绩。对教师指导实践工作制定科学有效合理的评价体系，可以用来检验监督实践指导教师对实践教学和指导有没有高效尽责，给予实践指导教师一定的实践指导考核成绩。这个过程由院企实践基地管理委员会、实践指导教师互评小组以及实习学生等进行综合评价考核构成，主要是根据实践指导工作的质量、工作态度和实际取得的效果，对实践指导教师的指导工作综合评价。要善于倾听实习学生的意见，重视学生对实践指导教师的评价，这样可以真实了解教师和学生的需求，有效改进实践指导教师的工作。

③ 召开实践经验交流会。院企实践基地管理委员会组织教师开展实践指导工作经验交流会，教师之间可以互相反馈经验。实践指导教师组织实习学生与教师开展实践交流会，使学生之间、学生与教师之间加深沟通交流，互学有无，取长补短，总结经验，客观提升实践效率和实践效果。这样有助于实践指导教师和学生之间、学生与学生之间互相深入了解，对于实践教学效果与短板双向反馈，及时调整并改善。

④ 特殊学生单独指导。对于那些性格内向、不善于与接触外界的学生，实践指导教师应该因材施教，针对性地根据每个学生的性格特点和实践情况安排实践指导；对那些有特殊困难的学生单独指导，帮助他们脱离困境，保证实践的正常进行，而且，实习学生对综合实践教育基地工作的意见和建议也可以通过这种形式反馈给实践指导教师，对于那些有建设性的意见和建议可以反馈给实践领导小组，以此达到提高学生综合素质和完善综合实践教育基地综合水平的目的。

9.3.2 保障实践指导效果的措施建议

为充分发挥实践指导教师的实践作用，保障实践指导工作取得更好的效果，除了加强对专业实践的管理，制定一系列有关实践制度之外，还应辅以规范、专业的保障措施。

（1）落实实践指导教师“专职化”

一些专业是从传统优势专业中重新产生出来的，有的更是为了专业的开创临时组织的。实践指导教师多数是从其他领域而来，再加上专业实践的经验不足，教学效果难以达到满意效果，理论与实践的结合也不够。就实践实习来说，更加需要专业技能过硬以保证良好的实习效果。建议选择理论知识储备丰富、实践指导经验和实践经验丰富的教师作为专门的实践指导教师，深入了解并指导实习学生的实践，做好实习前的准备，做好实习动员，使学生全面了解基地企业概况，更快融入工作。落实实践指导教师“专职化”，可以让实践指导教师专心于实践的指导，实现向专业化教师发展的转变。

（2）实行综合实践教育基地与高校双向的薪酬制度

实现实践指导教师专职化，首当问题是薪酬与奖励制度。现阶段，专职实践指导教师在国内院校并没有大规模地流行和开展起来，主要原因就是薪酬问题和奖励机制跟不上。此时，设置教师岗与实验岗，将任课教师作为教师岗，将实践指导教师作为实验岗，负责专项管理工作，包括实践基地管理以及实习学生对外实践的联系及指导。学校制定完善的薪酬体系，可按基本工资和工作量来规定实践指导教师的工资，实践教育基地方面为教师提供相应的生活及办公保障。实施实践教育基地与高校的双向薪酬体制保障，能够有效解决实践指导教师的实践单位单一性，鼓励教师积极性，让他们更有效率地指导学生的实践工作，也有利于教师全身心投入到学生的实践指导中，积累实践指导经验，完善教师自身的发展。

（3）实行学术与实践并行的教师评价制度

现阶段，对大多数高校教师的学术能力的考评主要是论文等科研成果，重点放在了科研项目以及理论研究的质量与数量上，而由于部分专业具备非常强的实践性，对实践操作能力要求很高，因此实践工作又是专业中最重要的一个环节，要求专业教师必须要有专业实践的经验和心得，这就说明对专业教师的评价无法只局限在理论学术水平，实践工作的评价也要给予高度的重视，特别是对实习学生实践的比较强的指导能力，也必须是教师具备的能力。实行学术与实践并行的标准能够较好地体现专业特点和独特性，对于教师团队的建设和教学工作的完善有巨大裨益。

（4）加强高校与用人单位的交流与合作，教师应与实践单位保持良好的稳定关系

很多高校与用人单位之间的沟通与合作不够，专业的实践单位不够固定；许多实践单位对实习学生的指导经验不足，实践效果得不到保证。实习学生选择的用人单位的类型、层次和管理方式天差地别，学校的统一指导就成了纸上谈兵。部分高校建设了一批实践教育基地，成效初见。建议改变传统的模式和观念，建立相对固定的实践基地或者用人单位，密切学校与实践教育基地之间的互动和联合，实现实践参与者的共赢，使实践教育基地或者用人单位成为学校可靠的校外实践基地。各高等院校学校要精心选择那些承办学生实践经验丰富的、有完整的规章制度和管理规范的、承办实践项目较多且质量较高的实践基地或用人单位，为学生的实践提供最好的实践基地，这些措施对提高实践质量都是十分重要的。当然，为了提高实践教学效果，充足的教学经费也是十分必要的，各高等院校也要经常组织本校教师和其他高校的精英教师开展实践经验交流，并组织实践基地的实践指导一线人员和精英管理人员到学校与教师交流经验，取长补短；除此之外，还可以多让实践指导教师参与实践指导培训，密切学校与实践基地或用人单位的联系，提高高校师资队伍建设水平。

（5）对实践指导教师指导实践过程进行动态评价

专业实践是一个动态连续的过程，因为在进行实践的过程中，

师生的生理状况、心理变化、实践状态和效果不是一成不变的，是一个连续的动态的持续变化的过程，因此，对实践指导教师实践指导效果的评价工作可以对教师的指导进行一定的监督作用。传统的评价方式无论是对实习学生还是实践指导教师来说都比较单一，缺少连续动态持续的考核。因此，各高校对实践指导教师的综合考核监督评价需要伴随随着实践工作的开展而展开，保持持续动态连续，这样有助于第一时间发现问题并进行处理。

第10章 实践质量保障体系

10.1 健全实践基地组织管理体系

淮海工学院和连云港港口集团有着长期合作的良好基础，学校各二级学院和相关专业与连云港港口集团下属子公司及控参股公司均建立了牢固的产学研合作伙伴关系，淮海工学院和连云港港口集团领导顺势而上，按照国家教育部相关文件精神，签订了共建国家级校外大学生实践教学基地建设项目协议，校企双方主要领导主动担任实践基地的负责人。

学校二级学院和相关专业均与企业对口下属子公司及控参股公司成立相应实践教学管理协调机构，有的机构运行多年，初步摸索出了校企共建、共管、共享、共赢的运行模式。

以共建国家级大学生校外实践教学基地为契机，以“上手快、后劲足”应用型高素质人才培养为目标，根据实际情况探索建立可持续发展的管理模式和运行机制，建立健全有关校外实践教育的教学运行、学生管理、安全保障等规章制度，进一步健全实践基地组织管理体系。

(1) 建立大学生实践教学基地管理委员会

为进一步加强大学生实践教学基地的管理工作，积极探索培养创新型人才的新模式，促进学校与企业联合培养人才新机制的建立，统筹协调解决大学生实践教学培养方案实施中的重大问题，经淮海工学院和连云港港口集团有限公司共同研究，决定成立淮海工学院—连云港港口集团有限公司大学生综合实践教学基地管理委员会

连云港港口集团有限公司下属各子公司和控股公司负责人、淮海工学院各二级学院负责人为委员会成员。委员会下设办公室，负责委员会日常工作。办公室设在连云港港口集团有限公司企业发展部，发展部部长和淮海工学院设备与实验室管理处处长为办公室主任。

(2) 建立各专业基地实践教学专业指导委员会

成立淮海工学院和连云港港口集团有限公司国家级大学生实践教学基地实践教学各专业(学院)指导委员会，成员由行业企业专家、试点专业负责人、基地实践指导教师组成，负责审定实践教学方案，指导课程体系改革和培养模式改革，推进实践基地建设，加强产学研结合，共同研究探索人才培养的有效途径。

如计算机工程学院成立了实践教学委员会。其文件摘要如下：

为了深化教育教学改革，实施“卓越工程师教育培养计划”，推动校企合作，加强计算机类各专业建设，推进校外实践教育基地建设，培养学生工程实践能力和创新能力，提高人才培养的质量，学院在研究多年来实践教学经验的基础上，决定成立学院实践教学委员会。

实践教学委员会由学院与校外实训基地合作单位港务局通信信息工程公司(以下简称通信公司)、港口集团电子口岸信息发展有限公司(以下简称电子口岸公司)三方的领导和专家组成，委员会设有若干主任、副主任和委员。

为便于各项实践教学工作的开展，实践教学委员会在校企分设实践教学办公室，学院实践教学办公室主任由学院分管实践教学的副院长担任，通信公司实践教学办公室主任和电子口岸公司

实践教学办公室主任由公司办公室主任兼任。

10.2　明确校企双方职责与任务

为积极探索应用型人才培养模式，促进学校与企业联合培养人才新机制的建立，淮海工学院（甲方）和连云港港口集团有限公司（乙方）经友好协商，决定在已有产学研合作基础上，就双方扩大合作，共建“淮海工学院—连云港港口集团有限公司大学生综合实践教学基地”事宜，确定了双方的权利和义务。

10.2.1　甲方的权利与义务

① 甲方有权依据共同确定的淮海工学院相关专业实践教学方案，组织学生到综合实践教学基地进行培养。

② 甲方有权督促乙方为综合实践教学基地的学生提供相应实践环境。

③ 甲方有综合实践教学基地教学环节学生成绩的审定权。

④ 甲方有权对综合实践教学基地的学生按学校和企业相关制度进行管理。

⑤ 甲乙双方共同成立实践教学各环节的指导小组，并对学生进行指导、监督和管理，发现问题及时提出解决办法。

⑥ 甲方有义务为乙方人员到甲方进修、培训提供便利，利用甲方的技术与管理优势，积极为乙方解决生产管理问题，并在技术开发、管理创新等方面给予合作，向乙方推荐优秀毕业生。

⑦ 甲方有义务协助乙方对综合实践教学基地的学生进行管理，加强学生安全、保密、知识产权保护等教育。

⑧ 甲方应根据乙方实践指导老师的职称、职务，聘请乙方有关人员为综合实践教学基地的指导教师，并根据指导工作量付予适当的酬金。

10.2.2　乙方的权利与义务

① 乙方有义务与甲方共同制定淮海工学院本科生实践教学培养方案,并安排符合甲方要求的人员担任甲方学生实践指导教师。

② 乙方有权根据具体情况,及时安排及调整学生的实践岗位。

③ 乙方有权与学生签订保密协议,要求学生严格遵守保密协议。

④ 乙方有权要求基地的学生服从乙方管理,有权并有责任将学生的违反实习单位管理规章的行为向学校及时通报。

⑤ 乙方与综合实践教学基地的学生不具有劳动合同关系,乙方可不为学生提供各种福利、社会保险、医疗及其他待遇。

⑥ 乙方负责学生在实践期间的实践教学方案实施,并有义务为学生提供安全的实习环境,保护实习学生身心健康与安全。

⑦ 乙方负责综合实践教学基地学生的日常考勤管理和业务管理。

⑧ 实践结束后,乙方应及时向甲方提交学生实践证明和评价。

⑨ 乙方有义务依据双方共同确定的实践教学方案,为基地实践学生提供必要的技术资料、实践材料、生产工具和安全装备以及生活设施等,并在住宿、就餐、讲课及管理等各方面给予甲方提供方便和优惠。

10.3　制定合作管理制度

10.3.1　管理办法

为保证学生能够正常有序地参与校外实践活动,学校先后制定了《淮海工学院校外实践教学安全管理规定(试行)》(淮工院发[2013]92号)等文件。各二级学院相关专业出台了相应的管理办法。

根据《教育部"十二五"期间"高等学校本科教学质量与教学改革工程"项目管理暂行办法》、《教育部"十二五"期间"高等学校本科教学质量与教学改革工程"经费管理办法》的规定,学校与连云港港口集团共同制定了《淮海工学院—连云港港口集团有限公司大学生实践教育基地管理办法》,主要条款如下:

第一条 根据《教育部关于开展"本科教学工程"大学生校外实践教育基地建设工作的通知》(教高函〔2012〕7号),为加强实践教学环节、提升淮海工学院相关专业学生的创新精神、实践能力、社会责任感以及就业能力,结合学校各有关专业人才培养实际以及人才成长规律,制定本办法。

第二条 基地以培养高素质应用型人才为目标,转变教育思想,改革人才培养模式,加强实践教学环节,整合实践教学资源,推进校企深度融合。

第三条 在基地管理委员会的统一领导下,校企共同制定校外实践教育的教学目标和培养方案,共同建设校外实践教育的课程体系和教学内容,共同组织实施校外实践教育的培养过程,共同评价校外实践教育的培养质量。淮海工学院各二级学院和连云港港口集团各相关子公司共同组织实施运行。

第四条 基地在组织实施实践教育过程中,应当遵循淮海工学院各专业本科生培养方案以及淮海工学院有关教学管理规定。

第五条 基地要根据教育规律及人才成长规律,校企联合制定和调整实践教育方案,适时调整和更新实践教育的课程体系和教学内容,保障实践教育的培养质量。

第六条 淮海工学院各专业系是专业人才培养任务的承担者,在承担理论教育的同时,负责组织校企双方共同制定实践教育的教学目标、组织制定专业培养方案、设置课程体系和教学内容、完善师资与信息资源建设、开展相关教学研究、对学生开展实践教育前期指导等。

第七条 各学科和专业实验教学中心为校内实践教育的主要承担者,配合各专业实施专业培养方案、进行实践课程建设、编制实践课程教学大纲、编写实践课程教材等校内实践活动、管理校内实验场所、维护实验设备、组织学生开展社会调研等。

第八条　连云港港口集团有限公司是相关专业校外实践教育定点实习基地，负责接纳一定数量的学生开展认识实习、生产实习、毕业实习、课程设计、技能训练等实践教育项目，并为学生配备实践指导导师，对实习过程进行质量监控、考核实习结果、并选派兼职导师入校进行实践教育的指导等。

第九条　连云港港口集团有限公司应当优先安排淮海工学院学生前往基地进行校外实习；共建单位根据其接纳能力接受其他高校的学生进入该单位实习。

第十条　实践教育基地运行管理中的重大问题，需经实践教育基地管理委员会协商一致解决。

第十一条　学生在基地教学实习期间，由校企共同成立的各实践教学环节指导教师小组共同管理。相关二级学院是组织实践基地教学责任部门，负责学生实践动员和纪律教育；实践基地负责安排学生实践岗位、开展职业道德教育、安全教育等。

第十二条　学生在实践教学基地的实践纪律：

（一）遵守实习单位规章制度，服从实习单位的工作指导和安排；

（二）请假三天以上的，须经所在单位主管领导及二级学院实习工作领导小组批准。不足三天的，须经所在单位主管领导批准。如未经请假擅自离开，以旷课记。实习时间不足学院要求实习时间三分之二的，实习成绩不及格；

（三）违反实习纪律和单位规章制度的，视情节给予纪律处分。

第十三条　实践教学期间，各二级学院应组织实践教学检查，了解实践基地具体意见及建议，对于存在的问题应及时做出反馈和处理。

第十四条　实践教学成绩记优秀、良好、中等、及格、不及格五等，《淮海工学院学生实践教学环节小结表》及《淮海工学院学生实践教学鉴定表》为综合成绩评定的主要依据。

由于专业特点和要求的差异，各二级学院针对实践教育培养方案和实践环境、条件等，将制定更加细化的管理办法。

10.3.2　运行机制

运行机制是建设大学生校外实践基地并使之可持续发展的保

障。在实践探索的基础上，淮海工学院—连云港港口集团有限公司大学生实践教育基地将不断完善创新基地管理运行机制，并重点在建立管理机构、实行项目管理、实践教学经费分担与保障、激励队伍政策、产学研合作成果共享等方面加强建设。

（1）完善组织架构，实现高效运行

淮海工学院和连云港港口集团共同确定了大学生校外实践基地管理委员会为基地建设与管理的最高权力机构，下设办公室处理日常事务。

建立淮海工学院和连云港港口集团有限公司国家级大学生实践教学基地各专业（学院）教学指导委员会，成员由行业企业专家、试点专业负责人、基地实践指导教师组成，负责审定实践教学方案，指导实践教学课程体系和内容的改革，探索人才培养新模式，不断推进实践基地建设，加强产学研结合，共同研究探索应用型人才培养的有效途径。

管理委员会和各专业实践教学指导委员会确立了实践教学基地的组织管理架构。

各二级学院与各子公司将根据实际建立健全相关管理组织机构。如计算机工程学院已经成立了相应的组织。计算机工程学院与通信信息工程公司、电子口岸信息技术有限公司共同建立计算机类软件人才实践教学基地分管理委员会，管理会主任由计算机工程学院院长和二家公司的总经理担任，分管理委员会下设实践教学办公室。学院实践教学办公室主要邀请公司专家到学校参与培养方案的研讨和制定，制订实践教学的工作计划，安排和接待企业工程师到学院指导实践教学，安排和派送学生到公司参加各类实践教学，帮助企业工程师做好学生组织、管理，配置校内指导教师，指导企业工程师做好实践教学的过程管理、质量保证与成绩评定；公司实践教学办公室主要根据学院工作安排组织专家到学院参与制定培养方案，根据人才培养方案制定实践教学实施方案，确定指导实践教学活动的企业工程师，将实践教学任务和方案下发到具体部门和人员，统一安排学生到公司参加各类实践教学活动，督促和指导工程师的具体工作与成绩评定，做好学生在企业期间的管理工作和指导工程师的管理工作。

（2）实行项目管理，确保教学实践

建立项目管理制度，实行实践教学环节的项目管理制度。校外大学生实践教学基地建设项目将分解为各个子项目，确立子项目负责人。各二级学院将根据人才培养中的实践教学方案，明确各实践教学环节组织、运行、控制、评价的直接责任人。

根据项目管理要求，修改和制定实践基地教学工作、安全工作、学生管理、指导教师管理等有关制度和规定，建立校外实践基地各类人员的岗位责任制。结合淮海工学院和连云港港口集团的实践实训环境和条件，采取“逐条实施，逐步到位，逐项见效，逐年规范”的措施，将实践基地建设落到实处。

（3）激励“双师型”实践教学指导队伍建设

淮海工学院和连云港港口集团将共同制定实践教学基地指导教师任职资格标准，实现建立一支稳定的高水平“双师型”实践教学指导教师队伍的目标。为尽快形成高水平“双师型”实践教学指导教师队伍，拟实行：

① 企业导师选派。企业导师原则上由学生实践所在部门技术负责人或资深工程师担任。通过自荐、部门推荐、中心工作组审核等流程确保实践指导教师队伍水平。在正式成为学生实践指导教师前，港口集团与淮海工学院一起安排实践指导教师系列培训，培训合格者才能成为基地实践指导教师。淮海工学院为考评合格的企业工程技术人员和管理人员颁发聘书。同时，港口集团与淮海工学院共同对基地实践指导教师进行阶段性考评和反馈，并实行竞争机制以激发实践教学指导教师队伍工作热情。

② 校企人员互动。学校实践指导教师与企业实践指导教师

定期沟通互动。连云港港口集团为淮海工学院青年教师提供企业工程师岗位，实行岗位培训；淮海工学院定期进行企业指导教师培训，提高教学能力。

③ 产学研合作成果共享。针对企业运行问题，校企联合小组共同立项，组织攻关，成果共享；共同开发实践教学课程，共同编纂实践教学指导书，形成校企深度合作，集聚高水平人才，构筑智慧高地。基地指导教师凡认定校级结项的项目，可参与校级教学成果奖评审，并予以奖励；凡获得省级立项建设的项目，学校可按省级教学成果奖认定；凡获得国家级立项建设的项目，学校可按国家级教学成果认定。

④ 政策待遇平等。按学校统一政策，对实践基地指导教师定期计算实践指导教学工作量，并按实践指导老师的职称、职务，按学校当年课时津贴标准给予酬金。对获得各类科学研究成果、实践教学成果的实践指导教师，按淮海工学院政策平等奖励。连云港港口集团实践指导教师工作量给予补贴。

10.4 实践质量过程监控

(1) 实践前期

实践前期是指高等院校开始实习前的准备阶段、推荐阶段与到达实习单位阶段。工作流程如图 10-1 所示。

沿海综合实践教学基地的资源条件、环境条件、指导师资等都具有很好的满意度，无疑是专业实践教学实习的最佳基地选择，只要与基地企地部门直面对接，提前现场巡察变化情况，交流讨论相关内容，就能发挥实践教学实习的最佳合作。

这一时期，院系要做好对实习学生的宣传和教育。从实践目的、意义、重点和各工作小组的职责与安排、成果评价等方面做好细致的分析。与此同时，可以对以往实践的工作经验进行

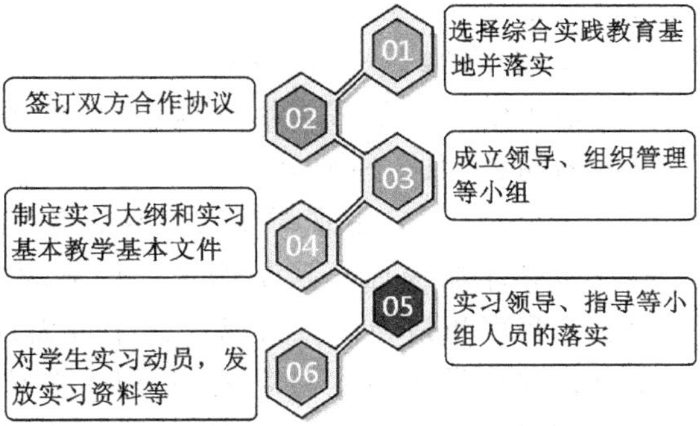

图 10-1　实践前期工作流程图

总结提示，将实践期间易出现的问题和情况整理出来，为实习学生做好讲解。并且，对实践学生加强思想教育、安全教育、诚信教育等。

（2）实践中期

实践中期是实习学生到达实践用人单位后，开始进行实践，直到实践结束提交实践成果前。其主要流程如图 10-2 所示。

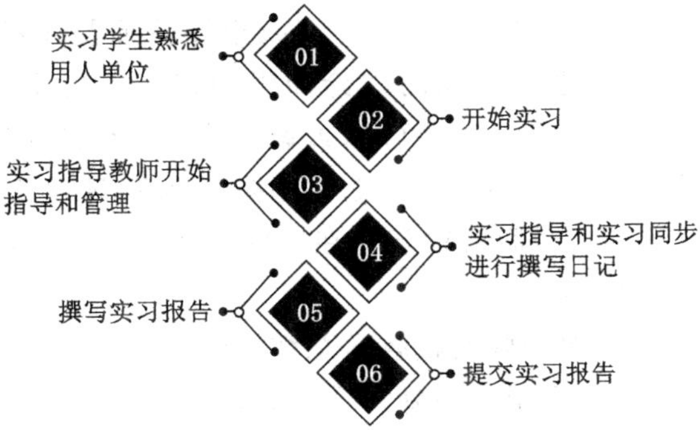

图 10-2　实践中期流程图

这一阶段的重点是教育和管理实践学生。实习学生去综合实践教育基地实践，会在很长一阶段内体验到外业实践较为艰苦的环境。在区别于学校的学习生活环境中，他们可能会遇到种种人与事之间的问题，遇到种种突发事件。此时，实践指导教师的重要性就体现出来了，要重视对实习学生的实践指导和心里生活上的监督疏导才能保证实践基地实习任务的完美完成。对实习学生的监督管理和指导大致有以下四个方面：① 思想教育管理上首先要让学生端正对实践基地、对用人单位和测绘专业的认识，同时理解实践基地的文化、理念、管理水平和实践基地的环境并对他们进行思想观念与专业道德的教育，使他们能够认识社会风情、熟悉社会运行规则，融入这个社会并学会做人、做事。特别地，让实习学生学会处理矛盾和分歧，全方面提升自己。② 组织纪律管理上要求学生遵守实践教育基地和院系的各项要求，遵从实践教师的指导，及时完成实践任务。在实践基地，实习学生也必须遵守实践教育基地企业的规章制度和组织纪律，严格听从管理，一切按规范和标准完成工作。③ 教学管理是实践管理中最重要的一环，其最终目的是使学生达到人才培养方案中所制定的目标。实践指导教师要针对学生在实践过程中表现出来的欠缺的理论知识和技能上的不足，及时指出让他们提升和改正，并且可以寓教于学，对现有理论、知识和技能进行深化讲解、细化，从根本上提高他们对理论知识的理解，务必做到第一时间解决学生在实践过程中遇到的问题。

（3）实践后期

实践后期主要做好实践教学总结、分析和提升的工作。学生提交实践成果，校企指导教师评定实践成绩，进行考核与评价；合作双方对合作具体情况进行反思总结，为日后的合作打下良好的基础。

10.5　实践质量评价保障

评价保障包括三个方面，分别是考核评价、反馈与奖惩机制，如图 10-3 所示。

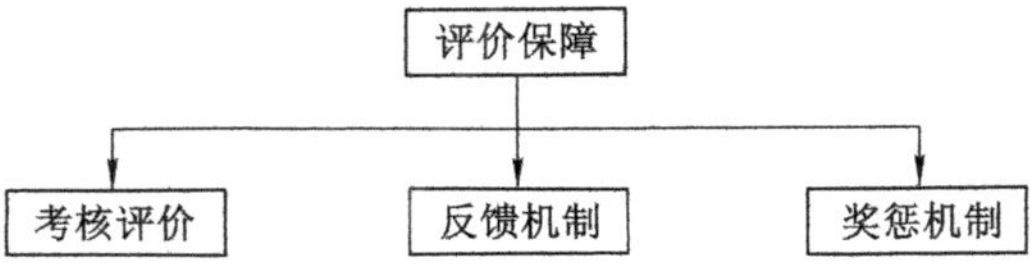

图 10-3　评价保障机制

考核评价包括三个方面，一是院系对实践领导小组、指导小组等考核评价，考核内容包括实习大纲、实习基本文件和实习计划的完成度和实践目的达成度情况等。二是院系对实践指导教师的考核，考核内容主要是对实践指导的状况进行考察，一般由自我评价、实践领导小组考察和学生反馈等组成。三是各院系对实习学生的考核评价。

反馈机制包括对专业方案安排或者课程结构安排的建议与意见、监督指导实习学生的实践现状、共同解决目前出现的问题和突发状况，最后是对实践参与者们制定一定的保障，建立一定制度保障和应急处理预案。实践指导教师对学生进行实践考核时，尽量征询实践基地相关人员意见。考核指标如表 10-1 所示。表中给出了优秀和及格的标准，良好和中的成绩评定参考优秀和及格的标准，不及格的成绩评定可参考及格的标准。

表 10-1　　　　考核标准指标

考核内容	考核标准		权值	考核人
	优秀	及格		
实践纪律	实习学生严格遵守学校的规章制度和实践基地的有关规定，并表现出高度的责任感和事业心，完美地完成每项任务	实习学生基本遵守学校的规章制度和实践基地的有关规定，有基本的责任感和事业心，基本完成每项实践任务	2	实践基地指导教师为主进行考核
实践内容	实习内容符合实习大纲和实习计划要求，实习学生在实习基地得到了充分锻炼与提高	实习学生基本符合实习大纲和实习计划要求，实习学生在实践基地得到基本的锻炼和提升	2	实习指导教师征求实习基地指导教师意见进行考核
实践成果	实习学生逐日记好日记和周记，做好实习视频。实习成果的内容丰富准确	实习学生基本按照要求做好日记和周记，有实习视频。实习成果的内容基本满足要求。实习学生基本完成实习任务并提交实习成果	2	实习指导教师为主进行考核
实践效果	实习学生严格按照实习大纲和实习指导书要求，综合素质得到提高，收到巨大收获。实习时间充分满足要求	实习学生基本按照实习大纲和实习指导书要求，综合素质得到一定提高，有一定收获。实习时间基本满足要求	3	实习指导教师征求实践基地教师意见进行考核。

第 11 章　实践教育基地管理与实践评价系统设计

11.1　实践教学效果评价基础理论

11.1.1　实践教学效果评价基础

效果是指在相应条件下由相关原因或其他原因对特定事物产生的系统性或单一性结果。实践效果，顾名思义，就是想通过实践取得某种客观的结果，即通过一定过程想要获得期望的结果。实践目的是通过实践行为达到的实践大纲和实践指导文件上的要求，实践效果是进行实践后产生的变化。实践目的是根据实践大纲等指导性文件制定出来的，具有一定指导作用。而实践效果能否达到实践目标则是实践参与者和实践领导指导者们需要从各个方面综合考虑的问题。大部分实践只能在一定程度上达到实践目的的要求，不能完美地达到实践效果。因此实践效果的评价就有了意义，要根据实践目的，对实践完成情况和实践目标完成度进行合理评价。评价的依据很大程度上是学校的专业培养目标、实践大纲和实践教学文件等。

(1) 评价的概念

评价，在百科上的概念通常是对特定事物进行判定，并对其特点价值进行分析总结。实践效果评价本质上是测定实践主体实践后在实践大纲和实践教学文件究竟被达到多少预定目标的过程。实践效果评价是根据实践大纲和实践教学文件，采用切实有效的实践方式，通过实践实现自我完善和综合素质的提高。实践效果评价具有以下四个特点：

① 过程性与终结性相结合：实践效果的评价综合了过程性评价和终结性评价，而且是一个完整的系统；

② 对象性：实践效果评价始终以评价对象的特性给予价值判断为核心；

③ 依据性：实践效果的评价必须有一定的依据；

④ 方法性：实践效果的评价必须要有科学的评价方法和完整的系统。

实践效果的评价包括四个基本步骤：明确实践效果评价的对象；明确实践效果评价的目的；明确实践效果评价的客观依据；明确实践效果评价的手段。

(2) 实践效果评价的目的

实践效果评价目的指导着整个实践效果评价的过程，决定了其发展方向。专业实践效果评价的最终目的是使实践学生、指导教师和院系以及实践教育基地得到综合能力的提升，得到全方面发展。

实践效果的评价，必须遵守相应基本准则、指导思想和基本要求。因此它必须具备客观性，也要有主观的评价。具体原则包括导向性、科学合理性和可行性。

(3) 实践效果评价理论

① 实践效果评价概念。实践效果评价分为实践前评价，实践中评价和实践后评价三个阶段。实践前评价是在实践前对实践学生现有的理论知识和能力以及综合素质的判定，实践前评价能够保证实践项目组织保持合理并且完善的运行。实践中评价是指在实践过程中进行评价，实践中评价可以对实践过程实

现可调控性，出现了问题可通过实践中效果评价及时纠正问题，保证实践的进度。实践后评价是对实践的最终效果进行评价，是实践效果评价中比较重要的一环，能让实践基地和实践学生与高校明确实践项目优势和劣势，认识到实践预期目标被实现了多少，为以后实践项目的制定和实践基地的选择以及对实践学生的指导和整体素质的提升做好准备。

② 实践效果评价的内容。实践效果评价包括四个方面，即反应评价、学习评价、行为评价和结果评价。实践刚刚结束时，需要进行反应评价，以此来认识实践学生、实践指导教师和实践基地以及院系相关负责人对此次实践各方面的满意度等。学习评价可以测试出实践参与者们在此次实践后，对自己的理论知识和动手操作能力与综合素质的提高。行为评价主要是评价实践参与者们在实践过程中的行为方式的改变程度和改进程度，分为实践基地指导教师的评价、院系实践指导老师的评价以及实践学生之间的互相评价等。结果评价主要是根据实践后得到的实践成果做出评价，评价实践成果的完整度，准确性等等，以此实现对实践参与者们的提升。

实践前评价的作用是判定实践学生现有的理论知识和能力以及综合素质，对实践指导教师以及高校和实践基地也有相同的作用，实践前评价可以确保实践计划与实际需求的合理性，让实践参与者得到合理的实践资源，保证实践效果满意度。实践中评价的作用在于能够对正常的实践活动起到保驾护航的作用，及时反馈实践执行情况有助于对实践计划做好调整，保证实践顺利进行。实践效果的最终评价是比较重要的一环，重视这一环节是提高实践质量的有效途径。实践效果的评价是指根据特定的专业实践目标，运用科学有效的手段，搜集有用的信息和资料并整理得出一个客观而具有参考价值的评定，从而不断提高实践质量。

11.1.2 实践教学效果评价指标

(1) 评价指标体系构建方法

指标,顾名思义,是揭示、指明或者使人们了解相关事物含义的意思,可以简单定义为特定的事物或数据,其含义已经不仅仅是特定数据或事物,而是能根据一定的评价目标和评价对象确定其他特定事物或数据的具体评价的词目。通常,一个指标只反映被评对象或被评目标的一个方面,而大多数特定事物都不止一面,因此就需要一个指标集合或者组合,即指标体系。因此,指标体系在本文中指的是全面的、互相之间有一定联系或关系的能整体地折射被评对象整体的数个指标或其集合,它能较全面地反映事物特征信息,一般具有三个功能,一是在特定时间点或者时间段,描述和反映被评事物各方面发展的水平和状况;二是在特定时间点或者时间段,评价和监测被评事物的发展方向;三是对被评整体进行衡量,协调其各个方面变化。

指标体系的建立方法有两种,包括分项统计法和构建定量模型法。第一种方法是对所有发展点,制定一个固定标准,并逐一分析所有发展点的现有状态和水平,评定其与所制定标准的差距,而第二种首先要做的确定一个固定标准或对象,制定定量模型以判定被判对象现状与标准的距离,并对现状与发展水平给以评价。运用综合方法构建实践效果评价指标体系,对所有指标都要评价,并对所有根据指标评价得到的结果进行综合评价分析。

(2) 指标体系构建原则

科学的评价指标体系是进行评价的基础,评价的成效取决于评价体系的系统性、科学性。建立一套完备、科学、准确的校外实践基地评价指标体系是对校外实践基地进行评价的基础和前提,建立的校外实践基地评价指标体系应科学性和可行性相结合,定性与定量相结合,基本指标与提高性指标相结合,目标管理与过程管理相结合，其各项指标应能客观、真实地反映校外实践基地的实际水平与效果。系统、科学的评价指标体系的设立首先取决于评价指标体系的设立原则，在设计校外实践基地评价指标体系的过程中应遵循目标性、科学性、全面性、可操作性等基本原则。

① 目标性原则。校外实践教育基地评价的目标是检测实践教学的效果，促进实践教学质量的提高。因此，校外实践基地评价指标体系的构建必须根据教学大纲和培养目标有效地反映实践教学的特色和实践管理质量的提高，体现通过实践培养学生能力本位、创新意识的目标要求，从而促进专业教学手段、内容、方法的改革、发展和创新。评价指标体系是专业培养目标在实践教学方面的具体化、规范化，是进行教学评价的直接依据。它直接或间接地制约着专业教学评价的进行和培养目标的实现，具有很强的目的性。因此，制定评价指标体系要有利于引导学校、教师、学生、校外实践基地单位等多方通过评价指标和评价结果，了解各方面的反馈意见，找出问题加以改进和完善，提高校外实践教学质量。结合学院的实际情况，评价指标体系应考虑到此项工作的目的是为了促进学院校外实践基地的建设，促进学院与相关企业、科研院所的有机结合，促进学院实践教学环节质量的提高，保证高等教育人才培养质量，初步摸清校外实践基地的基本情况，为下一步合理调整我院校外实践基地布局和加强校外实践基地建设提供决策依据，并提出具体的建设性意见。

② 科学性原则。科学性原则是指评价指标体系的设计和评定指标的设定要符合客观认识对象本身的性质、特点、关系及其运动变化规律。在设计评价指标体系时要针对校外实践教学的特点，各项指标间要具有一定的逻辑关系，彼此联系又相对独立，同一层次的指标与指标间内涵不同，外涵不交叉，相互不矛盾，上下级指标要保持一致性。因此，在设定每一项评定指标

时，都必须经过科学论证，使每项指标都有科学依据，并且要能直接反映实践教学环节的质量特性。同时，选取的评价方法也要科学合理，充分运用现代科学技术来对校外实践教学环节质量进行定量评定，以提高评价的效度。

③ 导向性原则。实践效果评价的目的是为了对实践效果有一定认识，从而检验实践质量并提高。实践效果评价指标体系是为了使专业培养目标做到在实践细节上的具体、规范，并且是实施实践效果评价的直观依据。它有助于进行专业实践评价和培养实践目标，具备比较强的导向性。所以，制定实践效果评价指标体系可以对院系、实践指导教师、实践学生、实践基地等多方给予评价指标和评价结果的引导，同时对各方的反馈有一定了解，发现自己的优势并保持同时发现劣势加以改进以此提高实践效果。

④ 三全性原则。三全性原则主要包括全员性、全面性和全程性。全员性要求实践参与者都得参与，评价方不仅包括院系和实践基地以及实践指导教师等，还要求被评对象包括实践学生和实践指导教师都得对实践效果进行客观评价。全面性是指考核的方式和方法都要全面，对实践学生的德智体三方面素质有一个综合性的评价，并且要全面掌握信息进行综合分析判断以此给出最中肯客观的评价。全程性，即注重过程性和终结性评价的结合，不局限于结果，以动态和发展的视角，对实践的各个阶段进行系统的全面的评价。

⑤ 可行性原则。在制定各项评价指标时，必须要充分考虑指标可以实施，简单易行，指标定义要明确，不能含糊，便于指标数据采集和相对真实可靠，能对校外实践基地进行度量，为被评对象所理解接受，便于评价过程中操作实施。在具体制定指标体系时，要考虑各项指标内涵要明确，指标的尺度要难易适度，在评价对象完成指标时，应感到有一定难度，但通过主观努力又

能达到；指标体系应具有良好的可测量性，便于定量处理，比较容易获得综合性结论，以提高评价的信度；各项指标要有分值，分值的比例要科学合理。此外，评定方法选择要具有合理性，使评价结果能反映真实性结果。

⑥ 独立性原则。评价指标应保持独立，且彼此独立、互不影响。指标体系应有一个比较清晰完整的层次。除此之外，指标体系中的指标数目不宜太多，否则加大了评价的复杂性。

⑦ 整体性与层次性原则。评价指标体系也要考虑所有被评价对象共同的特点和属性。不仅仅是被评对象的专业知识和综合素质，也要对实践学生的道德、心理状态等进行评价，表现出一定格局即层次性，也要分清主次，并且所有指标要完整统一。

⑧ 定性与定量相结合的原则。指标可被分类为定性指标和定量指标，因此在指标体系设计过程中应注重定性与定量的结合，但是要把重点放在事物量的方面，即定量性指标，这样一来，有助于保证指标的客观性和准确性。因为评价实践效果是比较复杂的，具体的数字不能实现较为全面的评价，定性指标能通过事物质的方面来反映对事物的特性，因此，定性与定量指标相结合可以实现比较客观的评价。

11.2　实践教育基地管理评价系统设计

11.2.1　实践基地评价体系的构建

(1) 评价指标体系构建的基本原则

要想全面、客观地对沿海综合实践教育基地做出评价，促进基地进一步地完善和建设，评价指标体系的构建在这里就起到了非常重要的作用。在沿海综合实践教育基地评价指标体系设计过程中，应做到客观、全面、科学、可行，并遵循以下原则。

① 目的性原则。沿海综合实践教育基地的建设本身就是具有目标的。该基地建设的目标是培养具有工程技术，动手操作能力强，能够适应国家社会经济发展和经济建设的应用型人才。那么对基地的评价也应该围绕这一目标进行。

② 全面性原则。要想对沿海综合实践教育基地做出完整的评价，就必须考虑全面，每一个环节都应该有具体的指标与之对应。否则，指标体系会遗漏一些重要的案例，评价结果有失偏颇，导致评价工作的失误。

③ 科学性原则。科学是评价任何客观存在的事物的重要标准，同时，在评价某一事物时，也应该秉持科学的态度，用科学的方法来制定评价的标准；以严谨的态度对实践基地进行评价，只有这样，才能通过评价的结果，将其运用到基地建设的改善中。

④ 可操作性原则。任何方案和体系的建立，都需要具有可行性，在沿海综合实践教育基地评价体系的构建过程中，应该考虑到评判指标的可行性。要使基地评价的评委们觉得易于理解和采用。能够得到明确的数据来支撑评价的结果。这就需要为评价标准设立一个合理的权重，这样便于计算并得出结果。

（2）沿海测绘基地评价方法与指标

在确立沿海综合实践基地评价指标的时候，遵循以上四个原则。同时为了使评价更加具有代表性，结果更加精准，拟采用两种方法对沿海综合实践教育基地进行评价。

① 模糊综合评价法。模糊综合评价法一词的概念来源于模糊数学。其最大的特点是可以将原来只能用属性判定的事物进行量化表达，使得结果更加明确。在实践基地的评价中，运用此种方法，可以成功地把评价指标从“定性”转化到“定量”，有助于更好地对实践基地进行综合评估，沿海实践基地评价指标体系如表 11-1 所示。

表 11-1　　沿海综合实践基地评价指标

一级指标	二级指标	权值	评价标准 A(优秀)	评价标准 B(良好)	评价标准 C(合格)
基地建立与管理(0.2)	建立时间	0.2	建设并运行 3 年以上	建设并运行 1～2 年以上	建设并运行 1 年以下
	稳定性	0.2	有协议并挂牌	有协议或挂牌	无协议、未挂牌
	建设规划	0.25	① 有规划并实施 ② 有经费投入	1 项不符合 A 级要求	2 项不符合 A 级要求
	管理制度	0.35	① 有管理机构及专(兼)职管理人员 ② 管理制度健全	其中 1 项不符合 A 级要求	2 项不符合 A 级要求
实践基地条件(0.5)	实践场地	0.15	实践场所满足实践教育要求，一次性容纳 35 人以上	能实践场所满足实践教育要求，一次性容纳 20 人以上	达不到 B 级要求
	仪器设备	0.15	仪器设备、材料等满足要求	仪器设备、材料等基本满足要求	达不到 B 级要求
	指导教师	0.2	指导教师及教辅人员满足需要	指导教师及教辅人员基本满足需要	达不到 B 级要求
	饮食	0.1	有固定集中饮食地点，卫生良好	有固定饮食地点，条件可以	达不到 B 级要求
	住宿	0.1	有固定集中住宿地点，卫生良好	有固定住宿地点，条件可以	达不到 B 级要求
	环境状况	0.15	环境状态良好	环境状态较好	环境状态一般
	安全状况	0.15	安全有保障	安全状态较好	安全状态一般

续表 11-1

一级指标	二级指标	权值	评价标准		
			A(优秀)	B(良好)	C(合格)
实践基地教学效果(0.3)	实践大纲及指导书	0.15	① 标准化教学大纲 ② 实践指导书	1 项不符合 A 级要求	2 项不符合 A 级要求
	实践计划	0.15	操作性强实践计划	可执行实践计划	达不到 B 级要求
	实践安排	0.15	合理安排实践操作	能安排实践操作	达不到 B 级要求
	教育效果	0.25	教育效果优秀	教育效果良好	教育效果一般
	与生产结合状况	0.1	生产结合优良	具有合作生产功能	有待开展合作生产、科技开发功能
	科研功能	0.1	合作科研优良并有研究成果	具有合作科研功能	有待开展合作科研
	技术开发功能	0.1	技术开发功能优良并有技术应用效益	具有合作技术开发与应用功能	有待开展技术开发与应用功能

② 层次分析法。采用层次分析法(AHP),通过以下步骤,构建实践教学基地的评价体系:

A. 问题定义。通过调查、文献研究等辅助方法,明确校外实训基地建设的目标定位。

B. 构建层次分析结构。经过问卷调查、思维风暴的方法确定影响基地质量的主要因素,依照各因素概括组的特色、条理布局、建立层次剖析模型。

C. 施工判断矩阵。据专家介绍,判断各要素的相对重要性,通过引入合适的尺度数字表示成判断矩阵;一致性检验和专业判断,保证一致性思维,从而保证 AHP 的合理结论。

采用条理剖析法具体指标体系如表 11-2 所示。

表 11-2　　条理剖析法具体指标体系

目的	准则	指标	内涵
沿海实践基地评价	基地建设与管理	合作协议	具有高校与校外基地承担单位签署的长期合作协议
		经费投入	具有稳定的经费投入来源
		规则制度	具有系列详细的基地管理制度
	基地教学	专职指导教师	具有专职的高校和基地指导教师
		实践教学文件	具有专业实践教学所需的培养方案、大纲、教材
		教学质量保障	具有保障实践教学质量的各种措施
	基地科研	承担项目	具有承担的科研项目
		论文专利	具有发表的论文或申请的专利
		成果奖励	具有获奖的成果
	基地社会服务	基地对外开放	具有对社会开放的条件和功能
		基地就业	具有安排实习学生就业功能
		基地经济效益	具有产生经济效益的功能

11.2.2　实践基地评价系统主要功能

系统开发目的是为了对实践基地进行评价。该系统有两个管理员，即两种用户。分别是校级管理员与院系管理员。校级管理员负责对全校实践基地的信息进行管理，并且对其他系统用户拥有管理权限。院系管理员则是分管本院系的实践基地。同时对自己所在院系负责的基地进行评估。按照系统所采用的评估方式，录入需要的信息，通过计算得出评估结果，同时上报给校级管理员，方便全校进行统计。

(1) 实践基地信息管理

实践基地信息管理分为基地信息录入、基地信息上传、基地信息导出。院系部管理员负责将本院系相关的实践基地的名称、级别、建立时间、负责人、联系方式等基本信息录入工作，方便学校管理。基地信息上传到系统中，由校级管理员负责导出，为学校相关领导人对基地活动的建设安排提供决策。基地管理的流程图如图11-1所示。

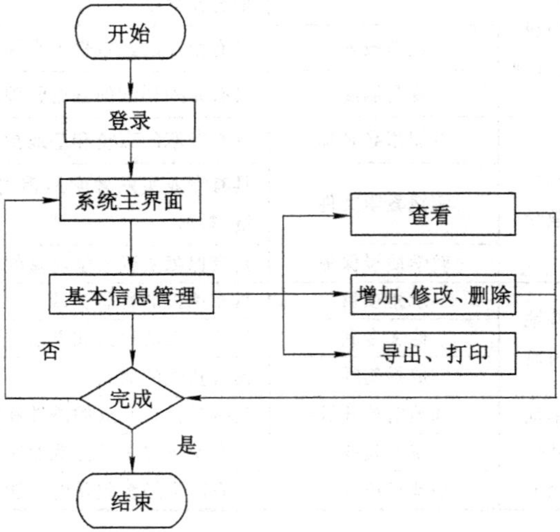

图 11-1　基地信息管理流程图

（2）实践基地评价

在实践基地信息录入完成以后，进入实践基地评价模块。实践基地的评价是本系统的核心功能。院系部管理员登录系统主界面后，进入评价系统，系统使用的是层次评价法，分为两级指标。每级指标赋予适当的权重，按照指标的标准进行打分。按照权重计算出基地最终得分，得出结果："优秀"、"合格"或者是"不合格"。实践基地评价的流程图如图11-2所示。

（3）综合实践基地评价系统管理权限

对应于综合实践教育基地的主要功能，两级管理员的管理职责分工明确。

① 院系管理员。

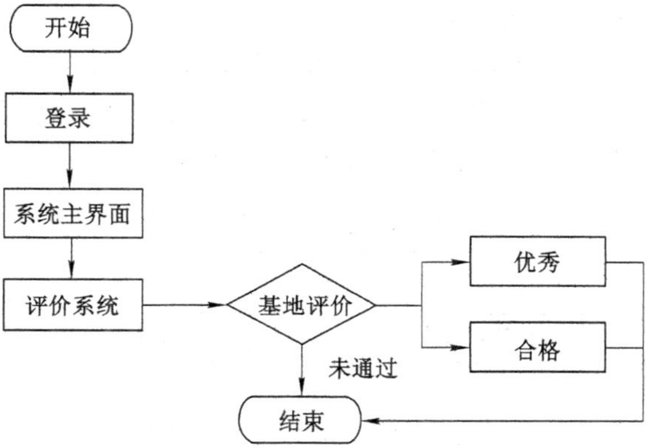

图 11-2　实践基地评价流程图

A. 可以查看、录入和修改所属实践基地的信息。

B. 可以将实践基地的信息导入评价系统，对其操作评价，得出结果。

C. 可以将评价结果提交，上传到实践基地信息管理模块，供校级管理员审核。

② 校级管理员。

A. 可以查看全校所有基地的基本信息。

B. 可以对系部管理员进行管理，比如添加或删除系部管理员。

C. 可以对每个系的评价结果进行审核，并将审核结果下发给各系部管理员。

11.2.3　系统总体功能架构

综合实践教育基地的管理系统是基于 Delphi 7 进行设计和开发的。Delphi 是 Windows 平台下有名的快速应用程序开发工具(Rapid Application Development)，用它做出来的界面友好而简洁,同时也满足系统设计与开发的需求。

校级管理员为 admin 用户,院系管理员为 guest 用户,都需要先进行注册,填写信息,然后登录,进行权限功能的使用。具体功能的结构图和流程图如图 11-3、图 11-4 所示。

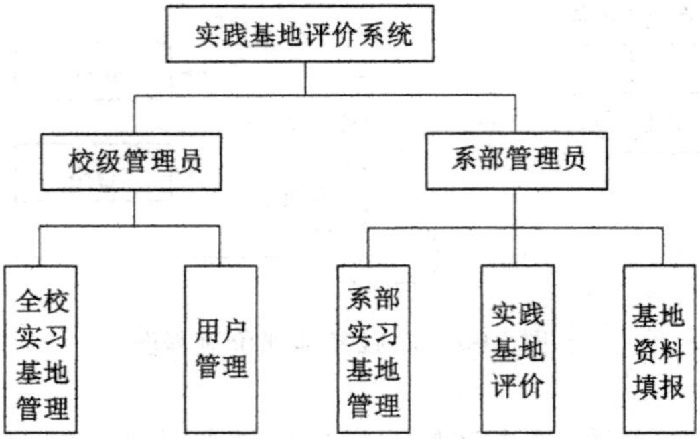

图 11-3　系统功能结构图

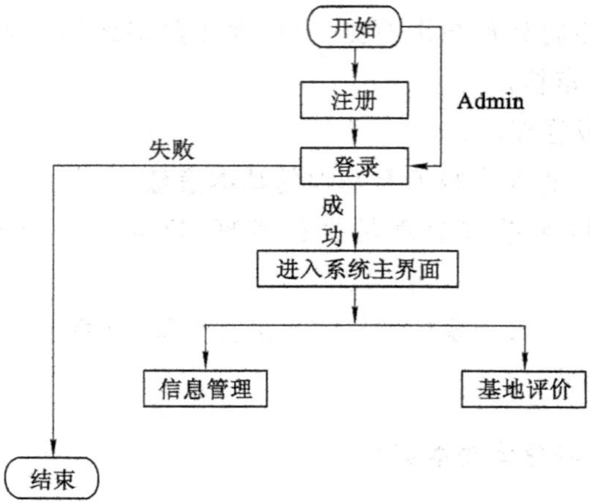

图 11-4　系统功能流程图

11.2.4　用户注册界面

用户注册需要填写注册资料，并通过验证。即需要点击“注册”按钮，填写用户编号、自己设置密码并确认。通过验证后，方注册成功。注册成功后，可以紧接着登录进入系统，只要将账号密码正确输入即可。注册流程图如图 11-5 所示，用户界面如图 11-6 所示。

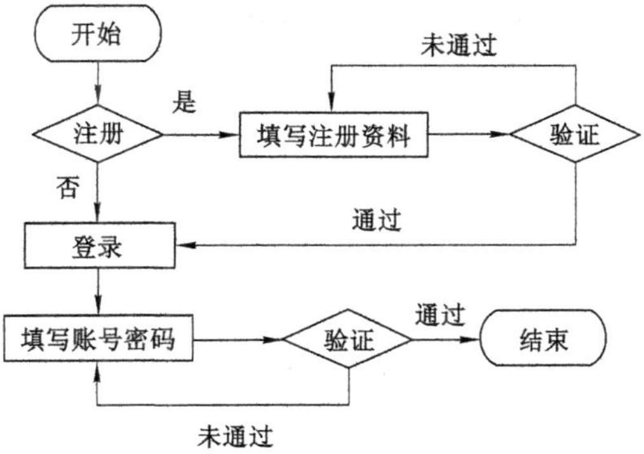

图 11-5　用户注册流程图

图 11-6　用户注册界面

11.2.5 用户登录界面

用户登录界面的设计比较简单。用户经过注册后，随时都可以登录系统，只需要填写用户名和之前注册时所设置的密码，点击"登录"按钮即可。在电脑环境安全的状况下，用户可以在"Remember me"这个选项前打钩，系统可以自动记住"用户名"和"密码"。但是在公共场所登录时，不建议勾选这个选项，以防被别人窃取账号和密码。用户登录界面如图 11-7 所示。

图 11-7 用户登录界面

11.2.6 基地信息管理界面

基地信息管理的作用分为两个部分，一是院系管理员录入、修改、删除所属基地的信息。二是供校级管理员查看基地信息。基地信息主要包括"基地编号""基地名称""基地级别""所属系部""建立时间""联系方式"等。管理界面如图 11-8 所示。

11.2.7 系统功能界面

实践基地评价系统的主界面一共分为 3 大板块，分别对应 AHP 评价法中的 3 个一级指标。每个一级指标下又有若干二级指标。为了评价的准确性和精确性，某些二级指标下设置了子菜单，便于精确评价和系统计算。系统主界面如图 11-9 所示。二级指标以及其下属子菜单界面如图 11-10 所示。

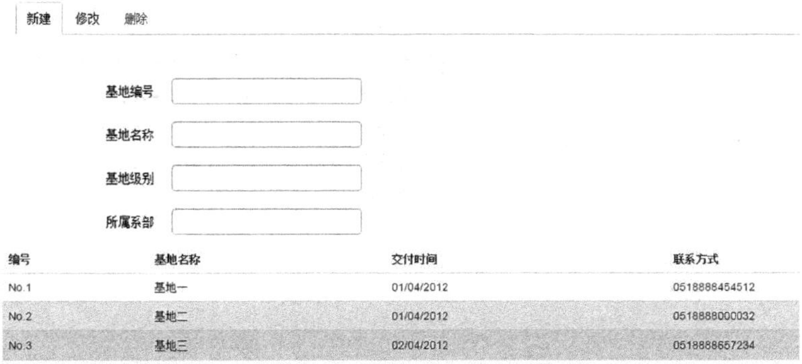

图 11-8　实践基地管理界面

图 11-9　系统主界面

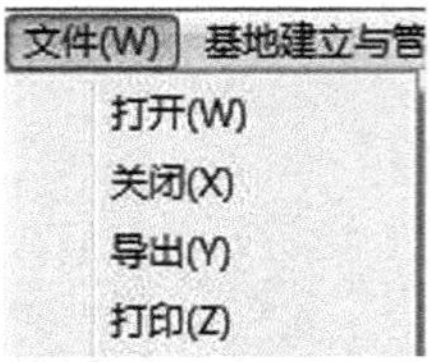

(a)

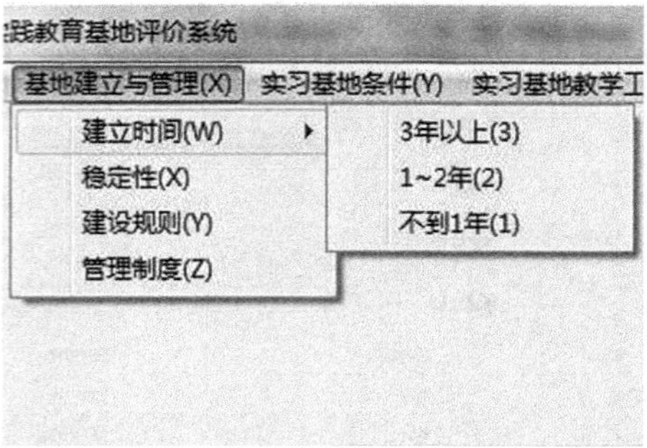

(b)

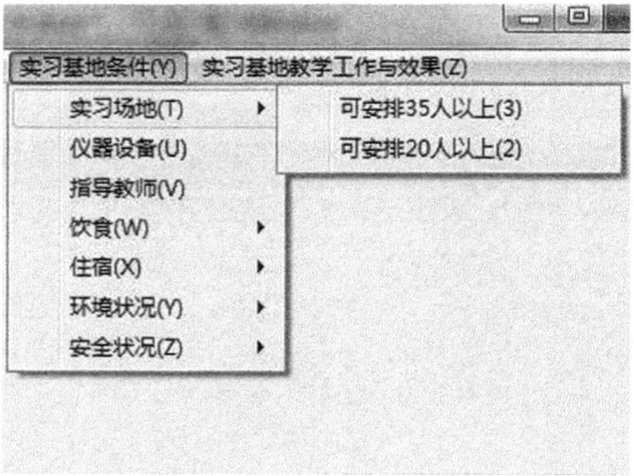

(c)

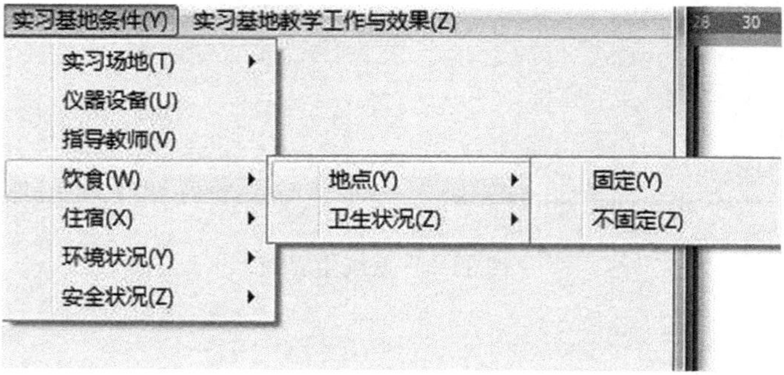

(d)

图 11-10　实践基地评价指标各子菜单界面

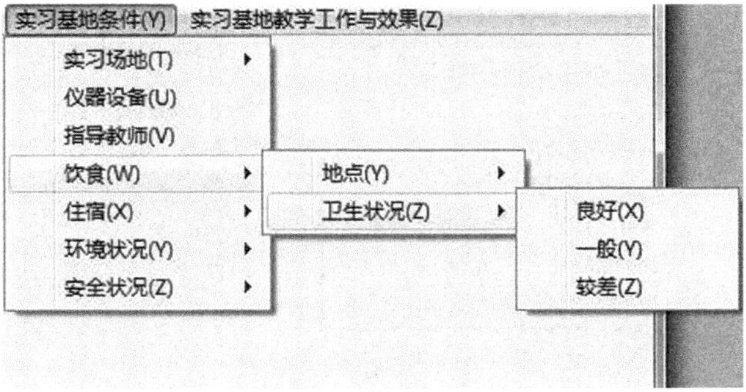

(e)

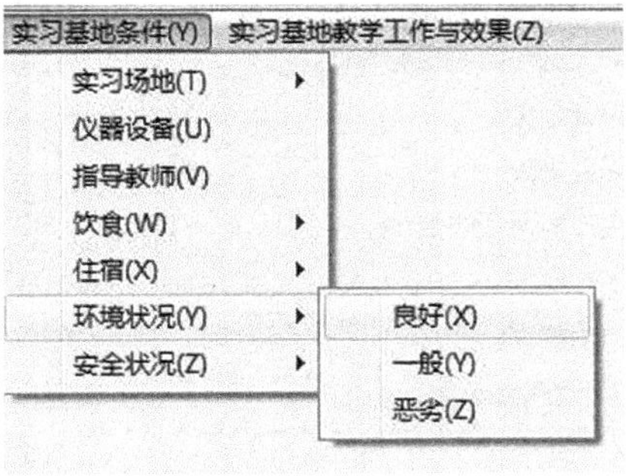

(f)

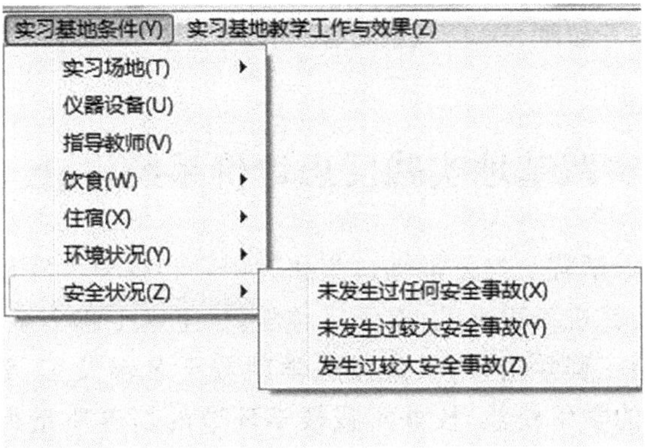

(g)

续图 11-10　实践基地评价指标各子菜单界面

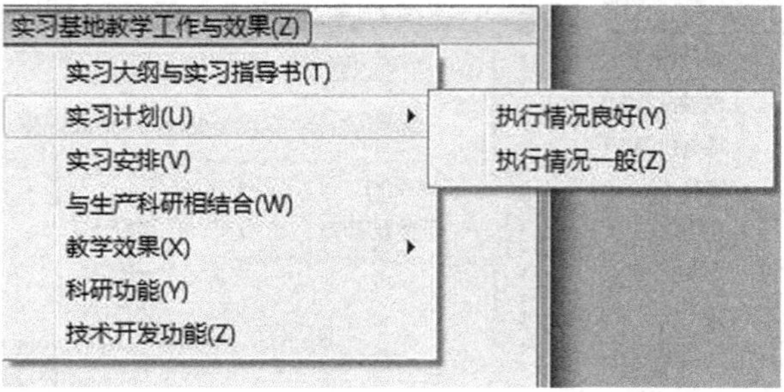

(h)

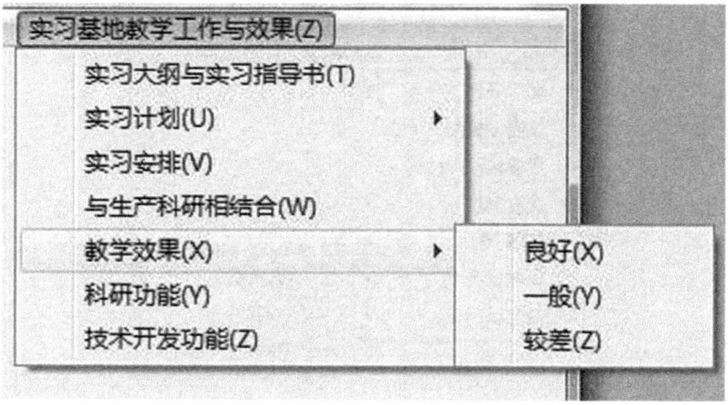

(i)

续图 11-10　实践基地评价指标各子菜单界面

11.3　实践基地实践反思评价系统设计

淮海工学院—连云港港口集团有限公司综合实践教育基地的建设，使计算机工程学院、电子工程学院、土木工程学院、机械工程学院、测绘工程学院、商学院及法学院数千名涉及工、管、经等20余个专业的学生获益，校外实践教学环节的培养质量得到可靠保证，学生的实践创新能力得到提高，“上手快、后劲足”的应用型人才培养目标得以实现。实践教育基地实践状况如何，各学院各专业实际实践教习效果情况可以设计考查方式进行评定。以测绘学院测绘工程专业利用实践基地开展实践状况评价为例，说明实践基地实践反思评价系统设计与功能。

11.3.1　系统总体设计

测绘专业实践是高等院校测绘专业教学的一个重要内容。正确的反思和评价学生测绘实践取得的效果是检查学生实践效果和老师指导实践和教学质量的重要方式之一。过去，实践指导教师评价实践学生测绘专业实践时存在比较主观和片面的问题，而测绘实践效果的反思也仅仅停留学生自我反思上，因此，探讨测绘综合实践教育基地实践的反思及评价方法有一定现实意义。由于测绘实践效果评价的主观性、片面性、模糊性和实践效果反思过于粗糙，因此，在评价实践效果和反思时要较全面考虑不同的要素，进行系统分析、归纳统计，才能取得较为合理的结论。

(1) 评价指标的确定

测绘工程专业实践的目的是学生实践能力和综合素质的培养与提高，使实践学生在德智体三方面全面发展。测绘工程专业实践效果的研究偏重于对学生综合素质的培养和提高，这也符合专业实践的目标，以比较有代表性的理论研究成果为依据建立指标体系，从学生实践的工作态度、外业操作、内业数据处理能力以及仪器操作技能考核等方面来进行研究，确定实践效果评价体系，并对学生的实践效果进行评价。

(2) 评价指标的筛选

评价指标的筛选：全部列举评级指标，然后以重要程度为依据进行筛选，剔除影响程度小、权重轻的指标，这有利于突出重要指标的作用，确保评价结果不致出现偏差，也有利于简化评价指标体系。

指标体系的筛选方式以咨询测绘工程专业具有丰富教学和实

践经验教师及教授的方式进行。因此咨询了学院10位教师教授，做了如下调查，调查结果统计如表11-3所示。

表11-3　　　　指标体系合理调查表

指标体系设计是否合理	专家选择人数	百分比
合理	7	70%
基本合理	3	30%
不合理	0	0%

评价指标的确定：根据教授专家们的建议和以往的资料文献研究以及相关理论指导，对部分指标作了调整修改并最终确定了评价指标体系，此评价指标体系中一级指标有4个二级指标有13个。

（3）评价指标的作用

实践工作态度，是考验实践学生对其实践的理解和准备情况以及人际关系的处理和道德品质。具体来说，实践态度应该有对实践前准备的考量、出勤率的记录、实践中的表现、测绘仪器的使用以及团队合作情况。实践前的准备和出勤情况可以考验实践学生对本次实践的重视情况，只有首先在态度上对接下来的实践给予高度重视，才能保证日后实践有条不紊地进行。实践中的表现、测绘仪器的使用情况能够一定程度上反映实践学生现有的知识水平和能力，当然也能看出实践学生对实践的态度。团队合作情况涉及实践学生的人际关系处理能力和团队意识，卓越的人际关系处理能力和团队意识是现代社会大学生必不可少的能力，因此将其纳入学习态度作为考察指标。

外业操作是考察测绘专业实践学生实践能力和实践效果的重点，测绘专业重视动手操作能力，而外业操作是提升测绘专业学生动手操作能力的重要一环，并且高效的外业操作才能得到精准的内业数据，是最终成果输出的前提条件，因此实践学生外业操作的评价设置了比较大的比重。具体内容包括仪器的保护情况、外业操作思路和流程、实践效率和实践完成度。仪器的保护是进行外业操作的前提。实践学生对外业操作要有一个整体的思路和流程，这不仅仅考察了实践学生现有的理论知识还考察了学生的适应性和灵活变通能力。实践基地的环境不同于校内，对实践学生来说是陌生而复杂的，因此，在这种情况下，因地制宜，制定一个对实践学生自己最为有利的计划和思路就显得很有必要了。与此同时，实践效率的高效可以保证实践快速平稳地进行，而实践内容完成度是反映实践完成情况的重要体现，是外业操作的基本内容。

内业数据整理包括内业数据获取、内业数据处理以及内业数据整理和最终输出。内业数据的获取必须准确无误，一旦出现偏差，对接下来内业的影响无疑是巨大的，因此，内业数据的获取是前提，而内业数据的处理就是一个过程性工作，过程性工作就需要良好的耐心和完整的连接度，这也是比较考验测绘专业学生的一个地方，最后，内业成果的最终输出在保证准确无误的情况下，还需要一定的整饰来获得最佳观感。这三个步骤环环相扣，都必须保证准确。

仪器操作技能考核考察的是测绘实践中学生对相关仪器的操作能力，将它单独列出来是因为通过这一环节可以加深实践学生对此次实践的回顾和反思，同时，提高操作专业仪器设备的能力，加强理论知识和实践感悟相结合的理解。

(4) 评价指标体系权重的确定

在评价指标体系中，各指标对实践效果评价的作用不一，因此需要设置权重，而权重就是用来衡量某一指标在整个评价过程中的作用和地位的，反映指标体系中各指标在完成和实现最终目标的贡献程度。各指标的权重可以明确显示出它们在指标体系中的地位以及它们彼此之间的关系。某一指标权重的大小，直接影响评价的价值和评价结果。所以，一个指标体系中必须合理分配权重，以此精确揭示各指标的不平衡与价值差异。

① 权重确定过程：权重的确定是按照指标制定者的先验知识来确定的，综合各种权重方法确定指标体系和评价主体的权重。全面征询测绘学院各教授专家的意见，并对教授专家们的意见统一整理。确定权重的步骤如下，第一步设计权重并把调查设计问卷发放给各位专家。第二步是对调查问卷进行回收，统计处理并得出结果。

② 权重确定结果：学生在实践基地实践的实践效果评价的权重如表 11-4 所示。

表 11-4　　指标权重

<table>
<tr><th rowspan="2">指标</th><th colspan="2">一级指标</th><th colspan="2">二级指标</th></tr>
<tr><th>要素</th><th>权重</th><th>因素</th><th>权重</th></tr>
<tr><td rowspan="13">沿海测绘综合实践基地实习效果评价指标体系</td><td rowspan="5">实习工作态度</td><td rowspan="5">25%</td><td>实习的准备工作</td><td>3%</td></tr>
<tr><td>出勤情况</td><td>5%</td></tr>
<tr><td>实习中的表现</td><td>10%</td></tr>
<tr><td>测绘仪器的使用情况</td><td>5%</td></tr>
<tr><td>团队合作情况</td><td>2%</td></tr>
<tr><td rowspan="4">外业操作</td><td rowspan="4">35%</td><td>仪器的保护情况</td><td>5%</td></tr>
<tr><td>外业操作思路与流程</td><td>5%</td></tr>
<tr><td>实习效率</td><td>10%</td></tr>
<tr><td>实习内容完成度</td><td>15%</td></tr>
<tr><td rowspan="3">内业数据整理</td><td rowspan="3">30%</td><td>内业数据获取</td><td>8%</td></tr>
<tr><td>内业数据处理</td><td>10%</td></tr>
<tr><td>内业数据整理和最终输出</td><td>11%</td></tr>
<tr><td>仪器的操作技能考核</td><td>10%</td><td>对相关仪器的操作</td><td>10%</td></tr>
</table>

(5) 学生实践成绩的评定标准

根据以上指定的指标体系,给予每个指标分数评定方法,将每个实习学生各个指标的评定成绩分为:优秀、良好、中等、合格、不及格,具体的评定标准如表 11-5 所示。

表 11-5　　成绩评定标准

实践成绩	优秀	良好	中等	及格	不及格
评判值	90 及以上	80～89	70～79	60～69	59 及以下

11.3.2　系统功能分析

测绘专业实践教育评价系统要为测绘专业实习学生的反思提供支持。为此,对测绘实习中测绘专业实习学生的实习反思需求进行了分析与思考,认为系统提供的功能主要分为两大部分:① 实习效果的反思包括实习学生和实习指导老师两个方面,包括实习现状反思调查与分析;实习教学满意度调查与分析;实习教学效果主要影响因素分析;指导教师工作模式优化设计;实习质量保障体系;实习质量保障体系,具体化反映实习指导老师和实习学生的反思过程。② 实习效果评价。

评价系统能让学生对自己的实习过程进行反思,反思自己在实习中所存在的问题和值得改进的地方甚至包括当时的心理活动。它不是简单地填写信息,而是让实习学生通过反思这一过程,真实了解自己的缺点和漏洞。这一过程让测绘实习学生在反思时了解自己的知识理论水平、动手能力、团结协作能力等,为日后的反思打下一个良好的基础。总体来说,测绘专业等工科学生的反思意识相对其他专业来说比较淡薄,评价系统能支持测绘专业等工科学生提高实践实习效果评价及反思意识,对于测绘专业学生来说,动手能力是极为重要的。因此实习学生与实习同伴对实习中出现的若干问题与情况进行汇总讨论，有助于提高动手能力，同时，实习指导教师根据评价系统的提示对学生出现较多的困难问题进行有意识的答疑指导，会取得更佳的指导效果。评价反思总体来说不是一蹴而就的而是一个过程，该系统就各方面对学生进行引导，引导学生进行全面的反思。此外，本系统还提供记录功能，将学生的反思过程及最后结果记录在数据库，方便实习指导老师和管理员以及学生对自己的反思进行查询。当然，自我反思都有盲点，即那些没有意识到的和无法解决的难点，因此，评价系统需要在设计、开发和应用过程中不断完善。

11.3.3 系统反思分析

(1) 以测绘实习学生为核心

对评价系统进行设计时，对测绘专业学生的测绘实习效果反思与评价的各种需求充分纳入考虑。系统以这些需求为要点来设计模块，提供了各种模块对测绘实习反思与评价实现支撑。

(2) 相关技术为基础为测绘专业服务

评价系统采用了相关技术来实现设计。不仅要充分考虑测绘专业学生实习的具体情况，还要根据相关情况采用相关计算机技术，根据测绘专业实习学生在实习中的需求，提供相关模块来支持系统，从而为测绘专业学生实习的反思与评价提供最方便的服务。

(3) 以反思性教学理论和评价理论为指导

评价系统以反思性理论和评价理论为基础，培养测绘专业学生的反思能力并评价他们的实习效果，按照反思的过程对遇到问题进行解决并提高学生对自己能力的认识，从而全方面提高学生的专业能力。

(4) 以发展专业能力为最终目的，达到实习质量与实习效果评价反思能力的同步提升。

专业实践实习是测绘专业学生掌握专业知识、提高实践技能、培养思想素质的重要教育环节，是对专业能力与应用的重大提升。评价系统旨在通过对实习进行评价反思，让测绘专业学生思考实践的设计、实施、计算、处理等全过程，思考专业实践进程中的理论知识、操作技巧、协调管理及不足之处和问题等，从而实现实践学习水平和分析问题、解决问题能力的共同提升。

11.3.4　系统总体设计

(1) 系统总体结构框架设计

系统总体结构如图 11-11 所示。

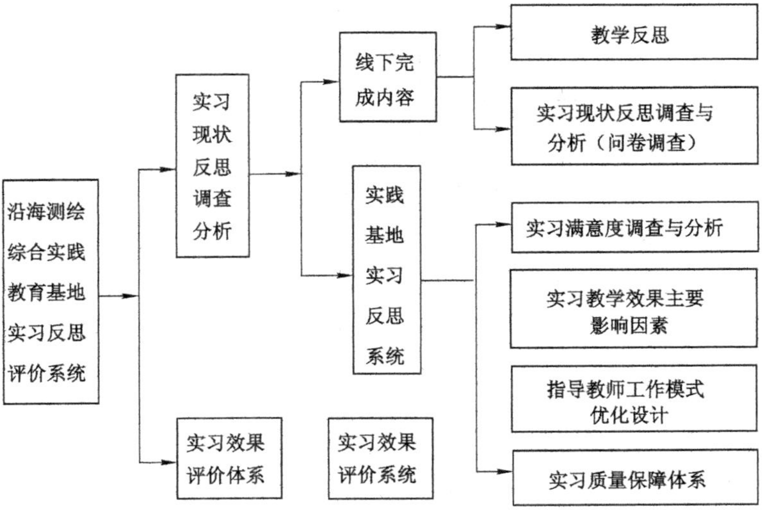

图 11-11　整体架构图

(2) 系统操作流程设计

系统操作流程如图 11-12 所示。

(3) 系统主页面设计

主页面主要包括系统名和注册登录，其页面设计主要程序代

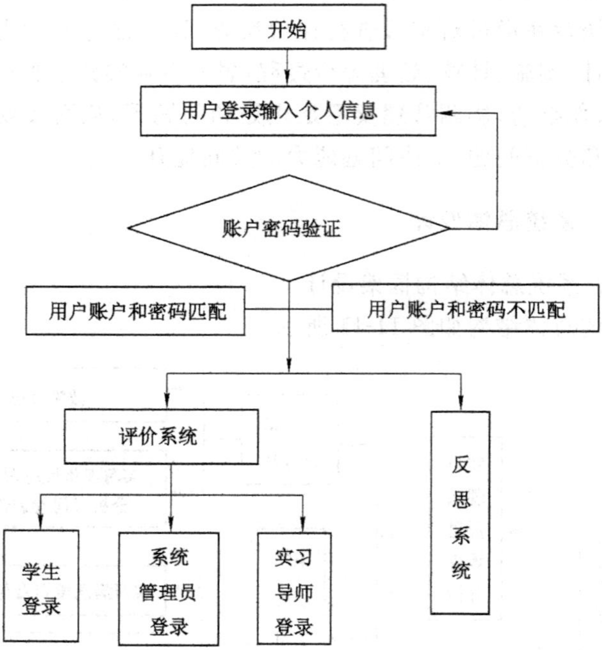

图 11-12　系统操作流程图

码为：<h2 class="text—center" contenteditable="true"><strong>沿海测绘<span style="color：inherit；font—family：inherit；">综合实践教育基地实习反思评价系统</span></strong></h2><p> </p><form class="form—inline">

<fieldset><label contenteditable="true"> ；用户名：</label> <input placeholder=" " type="text"><div> </div> 密 码：<input placeholder=" " style="cursor：default；margin：0px；font—size：14px；vertical—align：middle；line—height：20px；font—family：′Helvetica Neue′，Helvetica，Arial，sans — serif；width：206px；height：20px；padding：4px 6px；color：rgb(85，85，85)；border—radius：

```
4px; border: 1px solid rgb(204, 204, 204); box－shadow: rgba(0, 0, 0, 0.0745098) 0px 1px 1px inset; transition: border 0.2s linear, box－shadow 0.2s linear;" type="text"></div>
    </fieldset>
    </form>
```

其登录主页面如图 11-13 所示。

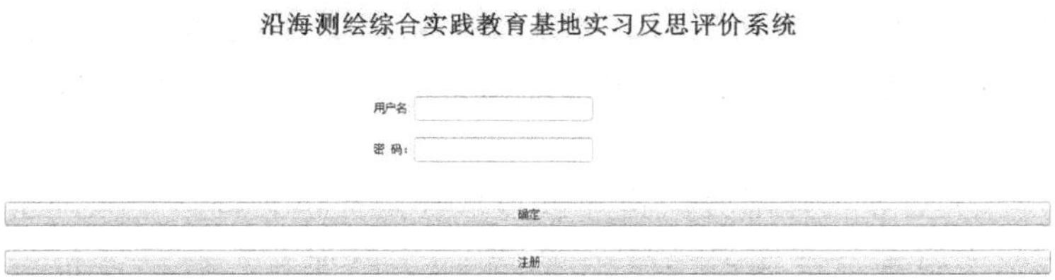

图 11-13　系统进入主页面

① 用户登录。此系统的用户主要是系统管理员、实习相关指导教师和参加实习的学生，不同的用户，他们相应的访问权限不同。这里直接通过所输入的用户名和密码先自动判断用户身份，再显示其所对应的页面。步骤如下：输入用户名和密码；进行身份判定，身份密码匹配则进入相应系统模块进行后续操作，不匹配则返回重新验证。

② 系统管理员部分。系统管理员的功能是对实习指导教师和实习学生的个人信息进行增删改查等操作，并对该系统正常运行进行必要的维护与管理。

系统管理员各部分子模块的内容如下：

增添用户功能：系统管理员能够向本系统添加新的实习指导教师和实习学生，并将学生与其实习指导老师建立对应关系，以便日后老师与学生对实习进行反思与评价。

删除用户模块：系统管理员承担着对本系统内实习指导教师和实习学生用户进行删除的任务。如当前老师卸去实习指导老师职位时，系统管理员则需要对其进行删除，学生也是类似。

查看用户密码模块：在实习反思评价系统中，系统管理员拥有查看实习指导教师和实习学生用户的密码的权利，方便后续管理。改动实习指导教师信息模块：改动实习指导教师信息模块主要是对实习指导教师基本信息来进行改动。本系统允许有多个实习指导教师，当系统管理员需要了解实习指导教师的信息时，可通过此模块进行查看改动。除此之外，系统管理员自己在修改了部分信息之后，也可通过此模块对实习指导老师的信息跟踪与查看。

③ 指导教师部分。指导教师部分是提供查询指导教师所承担的实习项目及实习学生列表、添加实习项目和教师评价学生实习成绩等功能。指导教师部分中，各子模块的功能介绍如下：

查看与更改实习项目信息：查看实习项目相关信息，依据指导教师制定的实习计划，查询指导教师制定的实习信息，如实习学生人数、实习的时间、实习的人员安排等。除此之外，该模块还可以使实习指导教师依据实习的安排对实习项目做出更改，更改后实习学生可通过实习系统实时查询到新的实习信息。

查看成绩：查看成绩模块的功能主要是指导老师对实习学生进行记录实习的成绩进行查看和管理的操作等，对实习学生成绩的查询首先要进行教师认证。

成绩记录：此部分的主要功能是对学生的成绩进行录入系统，首先认证指导教师身份，认证通过后，指导教师将学生实习最终成果进行打分并录入实习成绩。

查看学生个人信息：查看学生个人信息模块可以让实习指导教师查看实习学生的信息，并解除实习学生与指导教师的关系等。

④ 实习学生部分。实习学生部分内容如下，主要包括学生注册与登录、学生查询备选指导老师并选择、查看实习相关信息、提交实习成果与查看实习成绩等功能。学生功能模块中，各子模块

的功能介绍如下：

学生注册和登录：学生注册与登录是指学生在本系统进行注册与登录操作。

学生查询备选指导老师并选择：实习学生与实习指导教师之间的选择是双向的。因此本系统提供备选实习指导教师的信息，并支持学生与老师之间的双向选择，尽量让学生与指导老师之间达到最满意的组合，保障实习的质量。

查看实习相关信息：学生登录之后，查询自己实习相关信息，其中包括实习名称、实习开始结束时间、实习人员安排、仪器的领取与安放信息及其领取地点等。

提交实习成果：实习学生做完实习之后，做好实习成果的处理，并通过本系统及时上传，以便实习指导老师打分并记录成绩。

查看实习成绩模块：实习完成之后，实习指导老师会对学生实习中的表现和其提交的实习成果进行打分，学生登录本系统之后，进入自己的信息页可查看成绩。

11.3.5　系统模块分析

① 系统管理员每学期或者每项实习开始前，不仅需要导入大量实习学生实习教师用户，还需要建立实习学生与实习指导教师之间的对应关系，这种关系一般是一对多，每一位实习指导教师对应多位实习学生。系统管理员需要将这些信息导入系统的数据库，指导教师信息整合如图 11-14 所示。

其主要程序设计代码为：＜p class＝"text－left" contenteditable＝"true"＞首页 教师信息管理 学生信息管理 退出系统＜/p＞＜p contenteditable＝"true" style＝"font－style：italic；"＞当前位置》》教师信息管理＜/p＞＜p contenteditable＝"true"＞ ；＜/p＞＜p contenteditable＝"true"＞＜u＞添加教师＜/u＞＜/p＞＜hr＞＜p＞＜code＞＜cite＞教师编号 ； ； ； 登录密码 ； ； 教师名称 ； ； ；性别

首页 教师信息管理 学生信息管理 退出系统

当前位置》》教师信息管理

<u>添加教师</u>

教师编号	登录密码	教师名称	性别	联系电话	<u>修改</u>	<u>删除</u>
001	111	张老师	男	123456		
002	222	李老师	女	123545		
003	333	王老师	男	123231		

图 11-14　指导教师信息图示例

 ； ； 联系电话</cite></code> ； ； ；<u>修改</u> ； ；<u> 删除</u></p>

② 实习教师的权限主要是对实习学生进行相关操作，主要包括查看与更改实习项目信息、查看成绩、录入成绩、查看学生个人信息等。如图 11-15、图 11-16、图 11-17、图 11-18 所示。

首页 实习项目信息管理 学生成绩管理 学生个人信息管理 退出系统

当前位置》》实习项目信息管理

<u>更改实习信息</u>

实习项目名称	开始时间	结束时间	实习地点	仪器	删除
四等水准测量实习	2017.06.01	2017.06.03	沿海测绘综合实践教育基地	4项（<u>查看</u>）	

图 11-15　实践教学项目信息浏览

更改实习项目信息

实习项目名称　四等水准测量

开 始时 间　2017.06.01

结 束时 间　2017.06.03

实 习地 点　沿海测绘综合实践教育基地

仪　　　器　水准尺，尺垫，脚架，水准仪若干

图 11-16　实践教学项目信息调整

首页 实习项目信息管理 学生成绩管理 学生个人信息管理 退出系统

当前位置》》学生成绩管理

实习项目名称	学生姓名	学生学号	实习成果	实习提交截止日期	实习成绩
四等水准测量实习	学生甲	2013001	下载	2017.06.05	90

图 11-17　实践教学项目学生成绩查询示例

首页 实习项目信息管理 学生成绩管理 学生个人信息管理 退出系统

当前位置》》学生个人信息管理

添加学生

学生学号	登录密码	学生姓名	性别	联系电话	学院	删除
2013001	111	学生甲	男	123456	测绘	
2013002	222	学生乙	女	123545	测绘	
2013003	333	学生丙	男	123231	测绘	

图 11-18　实践教学项目学生信息查询示例

其主要程序设计代码为：<div style＝"line－height：20px；">

<div class＝"box box－element ui－draggable" style＝"color：rgb(51，51，51)；font－family：'Helvetica Neue'，Helvetica，Arial，sans－serif；font－size：14px；position：relative；opacity：1；z－index：0；">

<div class＝"view" style＝"padding－top：30px；">

<p class＝"text－left" style＝"margin：0px 0px 10px；">首页 ；实习项目信息管理 ；学生成绩管理 ；学生个人信息管理 ；退出系统</p>

</div>

</div>

<div class＝"box box－element ui－draggable" style＝"position：relative；"><a class＝"remove label label－important" href＝"http://www.bootcss.com/p/layoutit/＃close" style＝"color：rgb(255，255，255)；font－family：'Helvetica Neue'，Helvetica，Arial，sans－serif；font－size：11.844px；text－decoration：none；display：inline－block；padding：2px 4px；font－weight：bold；line－height：14px；vertical－align：baseline；white－space：nowrap；text－shadow：rgba(0，0，0，0.247059) 0px －1px 0px；border－radius：3px；opacity：0.2；transition：all 500ms ease initial；position：absolute；top：5px；right：5px；z－index：10；background－color：rgb(149，59，57)；">删除</a><span class＝"drag label" style＝"color：rgb(255，255，255)；font－family：'Helvetica Neue'，Helvetica，Arial，sans－serif；font－size：11.844px；display：inline－block；padding：2px 4px；font－weight：bold；line－height：14px；vertical－align：baseline；white－space：nowrap；text－shadow：rgba(0，0，0，0.247059) 0px －1px 0px；border－radius：3px；position：absolute；top：5px；right：80px；cursor：pointer；opacity：0.2；transition：all 500ms ease initial；z－index：10；background－color：rgb(153，153，153)；">拖动</span><span class＝"configuration" style＝"color：rgb(51，51，51)；font－family：'Helvetica Neue'，Helvetica，Arial，sans－serif；font－size：14px；opacity：0；transition：all 500ms ease initial；position：absolute；top：3px；right：140px；white－space：nowrap；"><button class＝"btn btn－mini" data－target＝"＃edi-

```
torModal" data—toggle="modal" role="button" style="margin：0px；font—size：10.5px；vertical—align：middle；line—height：20px；cursor：pointer；font—family：'Helvetica Neue'，Helvetica，Arial，sans—serif；padding—top：0px；padding—bottom：0px；color：rgb(51，51，51)；text—shadow：rgba(255，255，255，0.74902) 0px 1px 1px；border—width：1px；border—style：solid；border—color：rgb(204，204，204) rgb(204，204，204) rgb(179，179，179)；border—radius：3px；box—shadow：rgba(255，255，255，0.2) 0px 1px 0px inset，rgba(0，0，0，0.0470588) 0px 1px 2px；background—image：linear—gradient(rgb(255，255，255)，rgb(230，230，230))；background—color：rgb(245，245，245)；background—repeat：repeat—x；" type="button">编辑</button></span>
    <div class="view" style="padding—top：30px；">
    <p style="color：rgb(51，51，51)；font—family：'Helvetica Neue'，Helvetica，Arial，sans—serif；font—size：14px；margin：0px 0px 10px；font—style：italic；">当前位置》》实习项目信息管理</p><p style="color：rgb(51，51，51)；font—family：'Helvetica Neue'，Helvetica，Arial，sans—serif；font—size：14px；margin：0px 0px 10px；"> ；</p><p style="color：rgb(51，51，51)；font—family：'Helvetica Neue'，Helvetica，Arial，sans—serif；font—size：14px；margin：0px 0px 10px；"><u>更改实习信息</u></p>
    <hr style="color：rgb(51，51，51)；font—family：'Helvetica Neue'，Helvetica，Arial，sans—serif；font—size：14px；margin：20px 0px；border—right—width：0px；border—left—width：0px；border—top—style：solid；border—top—color：rgb(238，238，238)；border—bottom—style：solid；border—bottom—color：rgb(255，255，255)；">
    <p style="margin：0px 0px 10px；"><code style="color：rgb(221，17，68)；font—family：Monaco，Menlo，Consolas，'Courier New'，monospace；font—size：11px；padding：2px 4px；border—radius：3px；border：1px solid rgb(225，225，232)；border—image—source：initial；border—image—slice：initial；border—image—width：initial；border—image—outset：initial；border—image—repeat：initial；white—space：nowrap；background
```

```
－color：rgb(247，247，249)；">＜cite style＝"font－style：normal；">实
习项目名称  ；  ；  ；开始时间  ；  ； 结束时间
 ；  ；  ；实习地点  ；  ；  ；仪器＜/cite＞
＜/code＞ ；  ；  ；  ；删除＜/p＞
    ＜p style＝"color：rgb(51，51，51)；font－family：'Helvetica Neue'，
Helvetica，Arial，sans－serif；font－size：14px；margin：0px 0px 10px；"＞
四等水准测量实习  ；  ；2017.06.01  ；  ；2017.06.
03  ；沿海测绘综合  ；  ； 4 项(＜u＞查看＜/u＞)＜/p＞
＜p style＝"color：rgb(51，51，51)；font－family：'Helvetica Neue'，Helvet-
ica，Arial，sans－serif；font－size：14px；margin：0px 0px 10px；"＞
 ；  实践教育基地＜/p＞＜hr style＝"color：rgb(51，51，51)；font－
family：'Helvetica Neue'，Helvetica，Arial，sans－serif；font－size：14px；
margin：20px 0px；border－right－width：0px；border－left－width：0px；
border－top－style：solid；border－top－color：rgb(238，238，238)；border
－bottom－style：solid；border－bottom－color：rgb(255，255，255)；"＞＜
p style＝"color：rgb(51，51，51)；font－family：'Helvetica Neue'，Helveti-
ca，Arial，sans－serif；font－size：14px；margin：0px 0px 10px；"＞ ；
＜/p＞
    ＜/div＞
    ＜/div＞
    ＜/div＞
```

③ 实习学生操作模块是学生自己对实习项目的操作，主要包括学生注册登录模块、学生查询备选指导老师并选择、查看实习相关信息、提交实习成果、查看实习成绩模块。实习学生的注册页如图11-19、图 11-20、图 11-21、图 11-22、图 11-23 所示。

11.3.6 实践教育反思与评价

(1) 反思系统

反思系统主要包括以下内容：实习现状反思调查与分析、实习教学满意度调查与分析、实习教学效果主要影响因素分析、指导教

用 户 注 册

用户学号/工号

密　　码

重复密码

姓　　名

指导老师编号

学　　院

联系号码

图 11-19　学生信息录入页面

首页 备选指导教师信息 实习项目信息 实习成果提交 查看成绩 退出系统

当前位置》》备选指导教师信息

教师工号	实习项目	教师姓名	性别	联系电话	学院	
2013001	四等水准测量实习	张老师	男	123456	测绘	选择
2013002	大地测量实习	李老师	女	123545	测绘	选择
2013003	GPS测量实习	王老师	男	123231	测绘	选择

图 11-20　项目指导教师信息

首页 备选指导教师信息 实习项目信息 实习成果提交 查看成绩 退出系统

当前位置》》实习项目信息

实习项目	教师姓名	性别	联系电话	实习起止日期	学院	实习地点
四等水准测量实习	张老师	男	123456	2017.06.01-2017.06.02	测绘	沿海测绘综合实践教育基地
大地测量实习	李老师	女	123545	2017.06.05-2017.06.07	测绘	沿海测绘综合实践教育基地
GPS测量实习	王老师	男	123231	2017.06.08-2017.0610	测绘	沿海测绘综合实践教育基地

图 11-21　实习项目相关信息

首页 备选指导教师信息 实习项目信息 实习成果提交 查看成绩 退出系统

当前位置》》实习成果提交

实习项目	教师姓名	性别	联系电话	成果提交截止日期	学院	成果提交
四等水准测量实习	张老师	男	123456	2017.06.05	测绘	上传

图 11-22 实习成果提交信息

首页 备选指导教师信息 实习项目信息 实习成果提交 查看成绩 退出系统

当前位置》》查看成绩

实习项目	教师姓名	学生姓名	性别	联系电话	成果查看情况	学院	成绩
四等水准测量实习	张老师	学生甲	男	123456	已批阅	测绘	90

图 11-23 实习成绩查询

师工作模式优化设计、实习质量保障体系、实习质量保障体系。

① 实习现状反思调查与分析是学生在实习后对本次实习进行的反思，反思出相关问题与情况，其调查主要内容如图 11-24 所示。

② 实习教学满意度调查与分析要求实习指导教师和实习学生共同参与进来，对各个方面的满意度填写调查，其调查主要内容如图 11-25 所示。

③ 实习教学效果主要影响因素分析主要反思实习教学效果的影响因素，大致因素如图 11-26 所示。

④ 实习指导教师模式优化调查把重点放在实习指导教师上，实习指导教师位于与实习学生实习接触的一线上，因此，优化他们的工作模式能直接影响到实习学生的实习效果和质量，主要页面如图 11-27 所示。

⑤ 实习质量保障体系至关重要，也是一个重点，是实习质量提高的关键所在。实习质量评价体系是实习学生比较关注的点，实习学生进行了多天实践，在得到自我锻炼的同时，能获得指导教师较高的评价会让他们获得极高的自豪感和满足感。因此关于这

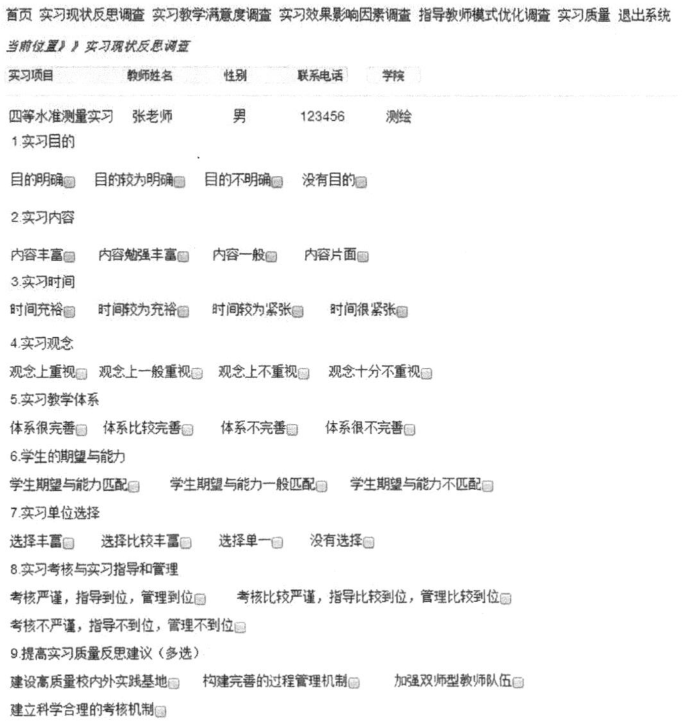
首页 实习现状反思调查 实习教学满意度调查 实习效果影响因素调查 指导教师模式优化调查 实习质量 退出系统

当前位置》》实习现状反思调查

实习项目	教师姓名	性别	联系电话	学院
四等水准测量实习	张老师	男	123456	测绘

1.实习目的

目的明确 目的较为明确 目的不明确 没有目的

2.实习内容

内容丰富 内容勉强丰富 内容一般 内容片面

3.实习时间

时间充裕 时间较为充裕 时间较为紧张 时间很紧张

4.实习观念

观念上重视 观念上一般重视 观念上不重视 观念十分不重视

5.实习教学体系

体系很完善 体系比较完善 体系不完善 体系很不完善

6.学生的期望与能力

学生期望与能力匹配 学生期望与能力一般匹配 学生期望与能力不匹配

7.实习单位选择

选择丰富 选择比较丰富 选择单一 没有选择

8.实习考核与实习指导和管理

考核严谨，指导到位，管理到位 考核比较严谨，指导比较到位，管理比较到位

考核不严谨，指导不到位，管理不到位

9.提高实习质量反思建议（多选）

建设高质量校内外实践基地 构建完善的过程管理机制 加强双师型教师队伍

建立科学合理的考核机制

图 11-24　实践教学现状调查

方面的反思也是重点，做好它的反思有助于直接提高实习质量，效果比较显著，主要页面设计如图 11-28 所示。

（2）实践效果评价系统

实践效果评价系统主要考查学生在实践教学过程中的实习工作态度、外业操作技能、内业数据处理能力和仪器操作考核等四个方面，系统设计主要页面如图 11-29、图 11-30、图 11-30 和图 11-32 所示。

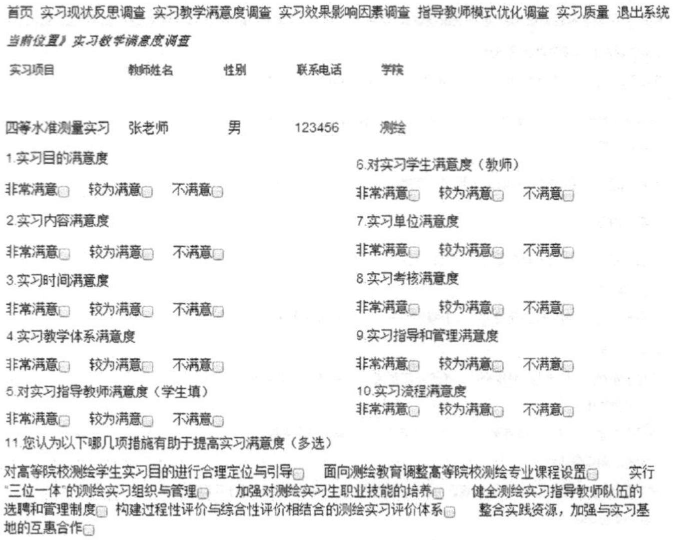
首页 实习现状反思调查 实习教学满意度调查 实习效果影响因素调查 指导教师模式优化调查 实习质量 退出系统

当前位置》实习教学满意度调查

实习项目	教师姓名	性别	联系电话	学院
四等水准测量实习	张老师	男	123456	测绘

1.实习目的满意度

非常满意 较为满意 不满意

2.实习内容满意度

非常满意 较为满意 不满意

3.实习时间满意度

非常满意 较为满意 不满意

4.实习教学体系满意度

非常满意 较为满意 不满意

5.对实习指导教师满意度（学生填）

非常满意 较为满意 不满意

6.对实习学生满意度（教师）

非常满意 较为满意 不满意

7.实习单位满意度

非常满意 较为满意 不满意

8.实习考核满意度

非常满意 较为满意 不满意

9.实习指导和管理满意度

非常满意 较为满意 不满意

10.实习流程满意度

非常满意 较为满意 不满意

11.您认为以下哪几项措施有助于提高实习满意度（多选）

对高等院校测绘学生实习目的进行合理定位与引导 面向测绘教育调整高等院校测绘专业课程设置 实行"三位一体"的测绘实习组织与管理 加强对测绘实习生职业技能的培养 健全测绘实习指导教师队伍的选聘和管理制度 构建过程性评价与综合性评价相结合的测绘实习评价体系 整合实践资源，加强与实习基地的互惠合作

图 11-25 实践教学满意度调查

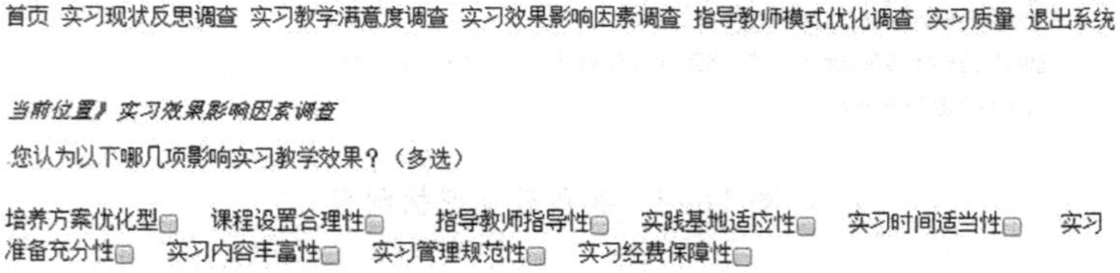
首页 实习现状反思调查 实习教学满意度调查 实习效果影响因素调查 指导教师模式优化调查 实习质量 退出系统

当前位置》实习效果影响因素调查

您认为以下哪几项影响实习教学效果？（多选）

培养方案优化型 课程设置合理性 指导教师指导性 实践基地适应性 实习时间适当性 实习准备充分性 实习内容丰富性 实习管理规范性 实习经费保障性

图 11-26 实习教学效果调查

11.3.7 系统操作软硬件要求

系统将原本繁重的实习反思评价从人工劳动变为一个清晰简单的系统，并可以在短时间内获得直观的评价反思结果。系统运行必须配以适应的软硬件环境，进行相应的调试，以提高系统运行效率。

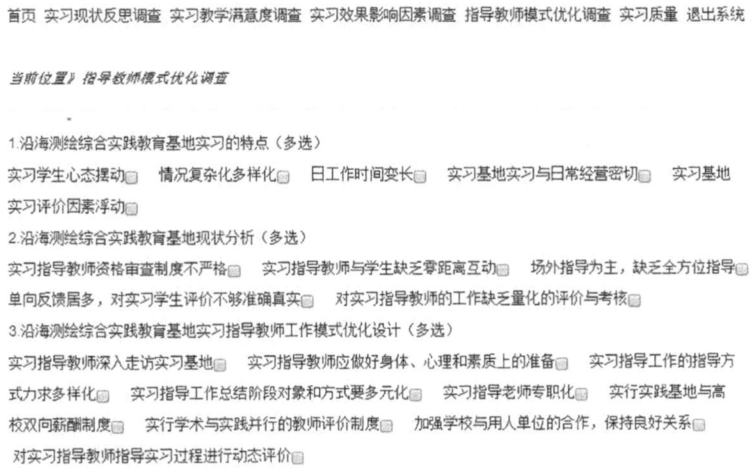

图 11-27　指导教师模式优化调查

（1）软硬件环境

硬件为台式机或笔记本的 CPU 至少双核 2.0 以上、内存大于等于 4 GB。系统网页运行环境，操作系统为 Windows7 及以上，浏览器为搜狗浏览器等；服务器端硬件同客户端硬件配置，电脑的操作系统为 Windows7 及以上。工具为 Hbuilder、Bootstrap 可视化布局系统和 Java 等。

（2）系统的调试

评价系统是一个基于 Web 的系统，基于 Web 系统的测试、确认和检验是主要的工作内容，测试不仅要检查和验证是否按照设计的进程运行，还要测试系统在不同浏览器端和不同用户浏览器的运行情况并可用性测试，涉及不同类用户的角度。链接测试是 Web 应用程序的一个主要方面，支撑着页面间的切换，调试直至各链接都能有相对应的页面；然后进行的是表单测试，数据采集功能是表单在 Web 中发挥的主要作用，用户在 Web 上通过表单向

首页 实习现状反思调查 实习教学满意度调查 实习效果影响因素调查 指导教师模式优化调查 实习质量 退出系统

当前位置》实习质量

1.有无必要建立实习质量保障体系

很有必要□ 有必要□ 可有可无□ 没必要□

2.你觉你实习质量保障体系应包括以下什么内容（多选）

实习质量组织保障□ 实习质量制度保障□ 实习质量过程监控□ 实习质量评价保障□

3.实习质量组织保障中的组织包括什么（多选）

工作领导小组□ 工作管理小组□ 实习指导小组

4.建立实习质量制度保障的必要性

很有必要□ 有必要□ 可有可无□ 没必要□

5.实习质量制度保障应该包括以下哪些内容？

高等院校与实习基地双方协议□ 高等院校的实习规章制度□ 有关教学基本文件

6.实习质量过程监控有无必要？

很有必要□ 有必要□ 可有可无□ 没必要□

7.实习质量过程监控有必要精确落实实习前中后期三个阶段吗？

很有必要□ 有必要□ 可有可无□ 没必要□

8.实习质量过程监控的前期工作安排合理吗？

很合理□ 比较合理□ 不合理□ 非常不合理□

9.实习质量过程监控的中期工作安排合理吗？

很合理□ 比较合理□ 不合理□ 非常不合理□

10.实习质量过程监控的后期工作安排合理吗啊？

很合理□ 比较合理□ 不合理□ 非常不合理□

11.你对本系统实习质量过程监控的整体体系满意吗？

非常满意□ 比较满意□ 不满意□ 非常不满意□

12.实习质量评价体系有无必要？

很有必要□ 有必要□ 可有可无□ 没必要□

13..实习质量评价体系设置的合不合理？

很合理□ 比较合理□ 不合理□ 非常不合理□

图 11-28 实践教学质量保障调查

系统提交数据和信息，系统 Web 上的表单包括但不限于用户注册、用户登录、选择实习指导教师、提交实习成果包括实习数据和报告等，经过测试各项表单操作都正常，没有出现异常；系统还进

首页 实习工作态度 外业操作 内业数据处理 仪器的操作技能考核 退出系统

当前位置》》实习工作态度

学生学号	学生姓名	性别	学院	实习准备工作	出勤情况	测绘仪器的使用情况	团队合作情况	
2013001	张三	男	测绘	90（优秀）	100（优秀）	84（良好）	82（良好）	提交
2013002	李四	女	测绘	81（良好）	100（优秀）	76（中等）	81（良好）	提交
2013003	王五	男	测绘	71（中等）	81（良好）	92（优秀）	90（优秀）	提交

图 11-29　实践过程中表现情况

首页 实习工作态度 外业操作 内业数据处理 仪器的操作技能考核 退出系统

当前位置》》外业操作

学生学号	学生姓名	性别	学院	仪器的保护情况	外业操作思路与流程	实习效率	实习内容完成度	
2013001	张三	男	测绘	80（良好）	78（中等）	81（良好）	100（优秀）	提交
2013002	李四	女	测绘	92（优秀）	75（中等）	82（良好）	100（优秀）	提交
2013003	王五	男	测绘	89（良好）	73（中等）	85（良好）	100（优秀）	提交

图 11-30　实践过程中外业操作情况

首页 实习工作态度 外业操作 内业数据处理 仪器的操作技能考核 退出系统

当前位置》》内业数据处理

学生学号	学生姓名	性别	学院	内业数据获取	内业数据处理	内业数据整理和最终输出	
2013001	张三	男	测绘	84（良好）	87（良好）	86（良好）	提交
2013002	李四	女	测绘	91（优秀）	77（中等）	88（良好）	提交
2013003	王五	男	测绘	88（良好）	74（中等）	81（良好）	提交

图 11-31　实践过程中内业处理情况

首页 实习工作态度 外业操作 内业数据处理 仪器的操作技能考核 退出系统

当前位置》》仪器操作技能考核

学生学号	学生姓名	性别	学院	对相关仪器的操作	
2013001	张三	男	测绘	92（优秀）	提交
2013002	李四	女	测绘	83（良好）	提交
2013003	王五	男	测绘	88（良好）	提交

图 11-32　实践仪器操作考核情况

行了数据库测试和安全性测试。该系统操作的前提是身份验证，只有密码和用户名匹配之后才能进行后续操作和获得权限，系统安全稳定。

综上所述，评价系统各个功能模块经过调试工作正常，并符合设计思想和设计要求。系统模块和结构的设计力求做到功能齐全的同时简单明了清晰，全面满足系统管理员、学生以及教师等开展实践教学调查反思及评价操作需求。

参考文献

[1] 晁伟.体育保健专业实习实训基地建设实证研究[D].南宁:广西民族大学,2014.
[2] 车慧.旅游管理专业本科生实习效果评价研究[D].秦皇岛:燕山大学,2010.
[3] 陈凤姣,徐正华.模糊评判法在高校实验教学质量评价体系的应用[J].漳州师范学院学报(自然科学版),2010(4):18-19.
[4] 陈俊杰.测绘工程专业顶岗实习管理的探索与实践[J].中国电力教育,2010(10):123-124.
[5] 程先富,张运,吴庆双.GIS专业校企合作实践教育基地建设探究[J].实验科学与技术,2015(6):137-139,216.
[6] 董莎莎.高校旅游专业实习指导教师工作方式研究[D].大连:辽宁师范大学,2011.
[7] 郭际明,丁士俊,苏新洲,等.大地测量学基础实践教程[M].武汉:武汉大学出版社,2009.
[8] 郭敏,王庆林,李长春.基于创新型人才培养模式下的测绘实习改革与实践[J].测绘工程,2013(6):89-91.
[9] 郭琼花.普通高校成人高等教育质量保障研究[D].金华:浙江师范大学,2012.
[10] 郭增鹏.化学顶岗实习教师教学反思现状调查[D].石家庄:河北师范大学,2016.
[11] 侯士兵,毛伟,宣璇.大学生实习实践基地建设路径探

析——基于就业效率的视角[J]. 思想理论教育, 2015(12): 95-98.

[12] 黄玮, 孙小平, 孙文志, 等. 地方高校实践教育基地创新性设计与构建[J]. 实验技术与管理, 2017(2): 215-217.

[13] 黄小冬. 顶岗实习反思支持系统设计与实现[D]. 重庆: 西南大学, 2012.

[14] 蒋金豹, 孙文彬, 袁德宝. "大地测量学基础"课程教学改革探讨[J]. 矿山测量, 2011(2): 88-90.

[15] 林文生. 本科生校外实践教育基地的运行成效研究[J]. 高教管理, 2015(2): 59-63.

[16] 刘昌华, 王少安, 王庆林, 等. 测绘工程专业测量实习基地的建设与发展[J]. 测绘工程, 2005(1): 75-77.

[17] 刘玉荣, 张进, 涂铭旌, 等. "双实双创"实践教学基地的探索与实践[J]. 实验科学与技术, 2015(1): 146-148.

[18] 卢磊. 体育教育专业学生教育实习实效性的研究[D]. 哈尔滨: 哈尔滨师范大学, 2012.

[19] 吕伟才, 赵娜娜. 从数字测绘实习基地建设看大学生实践能力的培养[J]. 教育教学论坛, 2014(9): 246-247.

[20] 马娇. 河北省社会体育专业学生会籍顾问岗位实习效果评价指标的研究[D]. 石家庄: 河北师范大学, 2016.

[21] 潘国廷. 大学生实践基地的建设与整合研究[D]. 济南: 山东大学, 2011.

[22] 庞丽丽. 高校校外实践教育基地评价指标体系构建初探[J]. 教育探索, 2015(8): 125-126.

[23] 钱立生, 汪建飞. 大学生校外实践教育基地建设浅议[J]. 安徽科技学院学报, 2015(4): 89-92.

[24] 孙广通, 宋萍, 刘小阳, 等. 测绘工程专业实践教学基地的建设与探讨[J]. 山西建筑, 2016(2): 238-239.

[25] 孙振江,刘家昆. 对卓越法律人才培养的实习教学环节的改革[J]. 教育教学论坛,2013(39):56-57.
[26] 唐金晶. 武定地质教学实习基地建设研究[D]. 昆明:昆明理工大学,2014.
[27] 田桂娥,吴长悦,汪金花,等. 测绘实习基地的建立与完善[J]. 山西建筑,2016,42(10):246-248.
[28] 汪朝旭,申少华,黄念东,等. 大学生校外实践教育基地建设内容研究[J]. 广州化工,2014(20):209-211.
[29] 汪晓花. 高校实践教育基地内涵建设与大学生创业能力培养研究[J]. 大学生就业,2014(12):88-89.
[30] 吴志柳. 高职实践教学基地评估方案研究[J],昆明冶金高等专科学校学报,2006(6):30-32.
[31] 徐哲. 高等师范院校教育实习研究:现状、问题及对策[D]. 上海:上海师范大学,2012.
[32] 伊晓东,刘德. 学生测绘实习管理信息系统的设计及实现[J]. 测绘与空间地理信息,2010(5):221-222,225.
[33] 余代俊,郑平元,杨容浩,等. 数字化地形测图实习方案的探讨[J]. 测绘科学,2015(8):97-99.
[34] 余代俊. 测绘工程专业生产实习的改革与实践[J]. 测绘通报,2012(08):101-103.
[35] 曾佐勋,樊光明,刘强. 构造地质学实习指导书[M]. 武汉:中国地质大学出版社,2012.
[36] 张华平. 以校企共建实践教育基地促进应用型人才培养的思考[J]. 教育现代化,2016(9):14-16.
[37] 张静,李成. 地方院校通信工程类“大学生校外实践教育基地”建设模式和机制研究与实践[J]. 中国电子教育,2014(3):48-51.
[38] 张鑫. 工程测量实习内容设计及其管理评价系统研制[D]. 成

都:西南交通大学,2014.

[39] 赵敏宁,李青云,廖世芳,等.浅谈测绘工程专业实践教学基地建设[J].新西部(下旬·理论),2015(11):40-41.

[40] 郑谦,程淑平,朱琳.高校实践教学学生满意度的主体要素分析[J].河北农业大学学报,2016(6):98-101.

[41] 周春艳.校地合作共建教育实习基地的困境及其对策探析[J].黑龙江教育学院学报,2014(11):18-20.

[42] 周志运.高师体育教育实习满意度及其改进研究[D].长沙:湖南师范大学,2016.